LE GUIDE

DE

LA MÉNAGÈRE.

N° I.

A. PIHAN DELAFOREST,

IMPRIMEUR DE M. LE DAUPHIN ET DE LA COUR DE CASSATION,

Rue des Noyers, n° 37.

LA
CUISINIÈRE
DES
PETITS MÉNAGES.

PARIS,

AUDOT, ÉDITEUR,

RUE DES MAÇONS-SORBONNE, Nº 11.

1828.

LA CUISINIÈRE ÉCONOME.

EXPLICATION

DE QUELQUES TERMES DE CUISINE.

Bain-marie. Se dit des viandes ou autres substances qu'on fait cuire dans un vase plongé dans l'eau bouillante, pour qu'elles n'éprouvent pas l'action immédiate du feu qui les ferait brûler ou cuire trop vite.

Blanchir. C'est mettre de la viande, des légumes ou des fruits à l'eau bouillante, pour leur faire faire quelques bouillons. On les retire ensuite, et on les met à l'eau fraîche.

Dégorger. On fait dégorger les viandes pour les débarrasser du sang qu'elles contiennent, et rendre la chair plus blanche. Ce moyen consiste à les mettre tremper une demi-heure ou une heure dans l'eau froide.

Entrée. On appelle entrées les mets qui se servent au commencement du repas avec les *hors-d'œuvre.*

Entremets. Se dit de ce qui se sert sur la table avec le rôti, et avant le dessert.

Hors-d'œuvre. On appelle ainsi les petits plats qu'on sert avec les entrées. Ces deux sortes de mets se confondent les uns avec les autres, et ce qui est indiqué comme *entrées* peut quelquefois servir pour hors-d'œuvre.

Mouiller. Mettre de l'eau, du bouillon, ou autre liquide pendant la cuisson.

Relevés. C'est le plat que l'on met sur table pour remplacer le potage, quand il est servi dans les assiettes.

Revenir. Faire revenir, c'est passer dans la casserole, avec du beurre, les viandes, volailles ou gibier que l'on veut assaisonner.

Sauter. On appelle en cuisine ragoût sauté celui qu'on lie dans la casserole en le faisant sauter par le moyen du bras.

Zeste. Pellicule mince de l'écorce du citron; c'est la partie jaune et odorante.

POTAGES.

Pot-au-feu.

La viande de bœuf, qu'il faut toujours, autant que l'on peut, choisir la plus saine et la plus fraîche tuée, fait le meilleur

bouillon. Le veau n'est bon dans le pot-
au-feu qu'en cas de maladie, attendu
qu'il blanchit, affadit et atténue le bouillon. Mettez la viande dans l'eau encore
froide, et faites bon feu, salez, écumez.
Quand la viande est bien écumée, on met
carottes, navets, poireaux, céléri, racine
de persil, une feuille de laurier, clous de
girofle et gousse d'ail, un ognon brûlé
pour donner de la couleur; on fait bouillir doucement jusqu'à ce que la viande
soit cuite, et on a un potage excellent et
bien sain.

Après la quantité et la qualité de la
viande, ce qui contribue le plus à faire de
bon bouillon, c'est d'avoir attention qu'il
bouille à petit feu sans discontinuer un
seul moment. Il faut 6 heures pour faire
un bon pot-au-feu. La proportion est de
3 livres de viande pour 4 pintes d'eau.
Quand le pot-au-feu est fait, versez-en le
bouillon tout bouillant sur le pain, en le
passant au tamis.

Consommé.

Dans 2 pintes d'eau, mettez 2 livres de
tranche maigre de bœuf, une vieille volaille, 2 grosses carottes, 2 ognons, 2 poireaux, un bouquet garni, 2 clous de gi-

rofle ; faites cuire pendant 8 heures à petit feu, et réduire au tiers ; ôtez-en toute
la graisse.

Riz au gras.

Pour 6 personnes, prenez 4 cuillerées
combles de riz lavé à l'eau tiède, que vous
mettrez crever dans 2 verres d'eau ou de
bouillon ; quand cela est tari, versez-y le
bouillon, laissez mijoter 2 heures et servez. (Le riz se met à l'eau froide.)

Autre moins crevé. Jetez-le dans du
bouillon bouillant, et l'y laissez à bon feu
une demi-heure.

Riz au maigre.

Mettez le riz, comme ci-dessus, crever
à l'eau avec du beurre, sel, et peu de
poivre ; au moment de servir, ajoutez 2
jaunes d'œufs ou une purée.

Riz au lait.

Il se fait comme celui au gras, excepté
que l'on met du lait au lieu de bouillon,
et qu'on l'assaisonne d'un demi-quarteron de sucre et d'une feuille de laurier-
amande. On peut ajouter 2 jaunes d'œufs.
Il faut une pinte et demie de lait pour 4
cuillerées de riz.

Vermicelle.

Jetez-le dans l'eau bouillante si c'est en maigre; ajoutez beurre, sel, poivre. Faites bouillir à grand feu, et liez avec des jaunes d'œufs, ou mêlez-y une purée.

En gras, vous vous servez de bouillon, et ajoutez de même une purée de légumes.

Panade royale ou à la reine.

Prenez la mie d'un pain mollet et la mettez dans la casserole avec assez d'eau pour qu'elle baigne; sel, poivre, un bon morceau de beurre. Faites mijoter une heure; passez au tamis; liez, si vous voulez, de jaunes d'œufs délayés avec de la crême, ajoutez un morceau de beurre, et servez sans laisser bouillir.

Potages de purées de pois, haricots, lentilles, carottes, navets, pommes-de-terre, choux, etc.

Ils se font tous comme le potage aux pois, que nous allons donner. Mettez, vos pois dans une marmite, avec sel, ognons, carottes, un bouquet de poireaux, de céleri, du lard (si vous voulez faire en gras). Vos légumes étant cuits, écrasez-les, passez dans une passoire, dressez votre potage, trempez-le avec du bouillon gras ou maigre, ou de l'eau, et servez la purée dessus.

Potage aux grenouilles.

Ayez des cuisses de grenouilles que vous dépouillez ; faites-les bouillir dans l'eau avec du sel et tout l'assaisonnement d'un pot-au-feu, jusqu'à ce qu'elles soient cuites. Il en résultera un bouillon qui aura parfaitement le goût du bouillon gras.

Potage au fromage de Gruyère.

Foncez la soupière de fromage râpé, une couche de pain dessus ; faites 3 couches de cette façon l'une sur l'autre, mouillez de bouillon gras ou maigre, comme bouillon de choux, d'ognons ou autre ; peu de sel, beurre ; faites mitonner jusqu'à ce qu'il soit gratiné ; en servant, mettez-y du bouillon ; que le potage soit un peu épais. On peut aussi servir sur table du fromage râpé ; chacun des convives en met dans son assiette avec le potage naturel aux choux ou à l'ognon.

Bouillon maigre.

Mettez le soir une marmite au feu avec de l'eau, de gros pois secs , navets, carottes , panais , céleri , choux , persil, ognons piqués de clous de girofle ; salez et laissez jusqu'au lendemain. Quand le tout est bien cuit, retirez la marmite, et passez en exprimant fortement.

Soupe aux choux.

Mettez la marmite au feu avec l'eau et le lard ou le petit salé. Quand le lard a bouilli une heure, ajoutez des choux avec racines, pois, 2 ou trois pommes-de-terre ; et, si vous voulez, des cervelas et saucisses ; poivrez et salez. Il faut 4 heures.

En maigre, faites blanchir un chou, égouttez et coupez en petits morceaux ; mettez-le dans la marmite quand l'eau est bouillante, avec racines, beurre, sel et poivre.

Potage aux choux et au lait.

Vous faites blanchir votre chou, et le faites cuire dans l'eau avec du beurre et du sel ; au moment de servir, ajoutez-y moitié lait bouillant, trempez et servez.

Potage à la Julienne.

Prenez carottes, navets, panais, poireaux, pieds de céleri, ognon, que vous coupez en petits filets, de l'oseille, laitue, cerfeuil, poirée que vous hachez un peu, des pois verts ou petites fèves ; faites cuire à moitié avec du beurre ; mouillez de bouillon gras ou maigre, achevez de cuire ; ajoutez une purée quelconque, salez, poivrez, et trempez avec peu de pain.

Potage aux pois et à l'oseille.

Faites bouillir de l'eau ou du bouillon, et ajoutez des pois nouveaux, cerfeuil, laitue, oseille, beurre si c'est en maigre; faites cuire le tout et passez en purée claire.

Potage aux herbes.

Hachez une poignée d'oseille, cerfeuil, belle-dame et poirée que vous faites cuire avec du beurre et du sel. La cuisson faite, mettez du bouillon maigre ou de l'eau, laissez jeter quelques bouillons et trempez; liez de jaunes d'œufs au moment de servir.

Potage à l'ognon.

Faites fondre du beurre ou de bonne graisse, et faites-y roussir un ognon haché bien menu. Lorsqu'il est à moitié roux, ajoutez une forte pincée de farine que vous laissez frire avec l'ognon jusqu'à ce qu'il ait acquis le dernier degré de rousseur; mettez la quantité d'eau nécessaire pour votre bouillon, sel, poivre; faites bouillir cinq minutes, passez le bouillon, et trempez votre soupe avec de la croûte colorée et peu de mie.

Potage à l'ognon et au lait.

Faites frire un ognon dans le beurre;

lorsqu'il sera blond, versez du lait, salez, poivrez peu, versez sur des tranches de pain. On ajoute si l'on veut des jaunes d'œufs.

Potage aux laitues.

Faites blanchir deux laitues, ficelez-les, faites-les cuire dans du bouillon, trempez le potage avec du bouillon, et servez vos laitues dessus.

Potage au potiron.

Faites cuire du potiron coupé en petits morceaux, avec de l'eau et du sel; étant cuit, jetez l'eau, mettez-y du lait suffisamment, avec un morceau de sucre; faites bouillir et le retirez dans le moment; prenez la soupière, arrangez dedans du pain tranché très mince; mouillez avec du lait de potiron pour le faire tremper; tenez-le sur de la cendre chaude sans qu'il bouille; en servant, mettez-y le restant du bouillon.

Potage de potiron en purée.

Coupez-le par morceaux, et le mettez dans l'eau bouillante pendant 5 minutes, avec du sel, retirez-le et jetez l'eau; écrasez-le; faites fondre du beurre dans une casserole, mettez-y votre potiron revenir un moment. Ayez dans la soupière des croûtons passés au beurre et du sucre, versez-y du lait bouillant, joignez-y votre potiron, mêlez le tout , et servez après avoir laissé mitonner si vous voulez.

SAUCES.

Roux : manière de le faire.

Quoiqu'à chaque sauce où il faut un *roux* nous indiquerons la manière de le faire, nous dirons ici qu'il se compose d'un morceau de beurre , que l'on fait fondre à la casserole , et auquel on joint une cuillerée, plus ou moins, de farine , selon que l'on veut faire la sauce épaisse, quand cette farine a pris le ton de rousseur ; on ajoute ce qui doit compléter la sauce , et qui est indiqué à chaque article. On fait plus ou moins roussir , selon la couleur que l'on veut donner à son ragoût.

Des liaisons.

Cassez vos œufs avec précaution pour n'en pas crever le jaune. (Il est essentiel qu'ils soient frais). Séparez les blancs des jaunes , en transvasant ceux-ci d'une coquille dans l'autre, jusqu'à ce qu'ils restent nets ; jetez les germes qui sont restés ; délayez les jaunes avec une cuillerée ou deux de ce que vous devez servir. Remuez jusqu'à ce que ce mélange soit parfait; versez ensuite peu à peu, et en tournant toujours, dans votre sauce *hors du feu,* remettez-la un moment en tournant pour la faire épaissir un peu, et sans bouillir; servez.

Béchamel.

Mettez dans une casserole un morceau de beurre, ognons en tranches et une carotte, persil, champignons; passez sur le feu, mettez trois cuillerées de farine, et mouillez avec une chopine de crème, sel, poivre, muscade; tournez toujours jusqu'à ce qu'elle bouille; laissez cuire très doucement 3 quarts-d'heure, passez au tamis; en servant, faites-y lier un morceau de beurre, ou ajoutez une liaison de jaunes d'œufs.

Sauce blanche.

Mettez dans une petite casserole une demi-cuillerée de farine et un verre d'eau, sel, poivre; tournez jusqu'à ce qu'elle jette un bouillon; retirez du feu; ajoutez un demi-quarteron de beurre, quelques gouttes d'eau froide, filet de vinaigre et servez de suite.

Sauce aux câpres.

C'est une sauce blanche comme ci-dessus, à laquelle vous ajoutez une demi-cuillerée de câpres au lieu de vinaigre.

Maître-d'hôtel.

Mettez sur un plat un morceau de beurre, avec persil haché bien menu, sel, poivre; maniez le tout ensemble, jusqu'à ce qu'il soit bien mêlé, et ajoutez un filet de vinaigre.

Sauce piquante.

Mettez dans une casserole un bon verre de vinaigre, thym, laurier, une gousse d'ail, échalotte, poivre, faites réduire aux 2 tiers. Ajoutez du bouillon, passez au tamis et servez.

Sauce à la rémolade.

Mettez dans une saucière une échalote, cerfeuil, ciboule, une pointe d'ail, le tout haché très fin, sel, poivre; délayez avec de la moutarde, de l'huile et du vinaigre.

Sauce à la ravigote.

Prenez une poignée de fourniture telle que cerfeuil, pimprenelle, estragon, cresson alenois; hachez le tout très fin; mettez dans une casserole du bouillon, avec sel, poivre, vinaigre : faites bouillir un quart-d'heure ; retirez du feu ; mettez dans votre ravigote un morceau de beurre manié de farine, et remuez jusqu'à ce qu'il soit fondu.

Sauce aux Anchois

Nettoyez dans du vinaigre les filets de 2 anchois, hachez-les fin et les jetez sur un roux blond que vous avez fait ; ajoutez poivre, muscade ; mouillez de bouillon et jus ; faites bouillir un quart-d'heure ; passez ; ajoutez un filet de vinaigre.

Sauce poivrade.

Mettez dans une petite casserole, aux 2 tiers, du vinaigre, échalotes, thym, laurier, persil, ciboule, une bonne pincée de poivre ; faites d'ailleurs un roux que vous mouillez avec jus ou bouillon ; versez-y votre sauce et laissez bouillir un quart-d'heure ; passez au tamis.

Sauce à la tartare.

Mettez dans un vase de terre 2 ou 3 échalotes, cerfeuil, estragon, le tout haché très fin, avec moutarde, sel, poivre, et un filet de vinaigre ; ajoutez un peu d'huile, et remuez toujours. Si votre sauce se liait trop, ajoutez un peu de vinaigre. Ceci se fait à froid.

Sauce hachée aux cornichons.

Mettez dans une casserole une pincée de farine, un morceau de beurre, des cornichons hachés, sel, poivre; mouillez avec bouillon, faites lier sur le feu, et servez.

Sauce à pauvre homme.

Hachez 5 ou 6 échalotes et du persil; mettez dans une casserole du jus ou du bouillon, une cuillerée de vinaigre, sel, poivre; faites bouillir jusqu'à ce que les échalotes soient cuites. On se sert de cette sauce pour réchauffer des restes de rôti ou du bouilli.

Sauce Robert

Mettez dans une casserole un morceau de beurre avec une cuillerée de farine, faites roussir d'une belle couleur; hachez très fin 6 ognons, mettez-les dans la casserole avec un bon morceau de beurre, sel, poivre; faites cuire, et mouillez avec une cuillerée de bouillon; dégraissez la sauce, et laissez-la sur le feu pendant 20 minutes; avant de servir ajoutez une cuillerée de vinaigre et autant de moutarde, et délayez le tout ensemble. Cette sauce s'emploie principalement pour le porc frais et le dindon.

Sauce mayonnaise blanche.

Mettez dans une petite terrine 1 jaune d'œuf, poivre, sel, quelques gouttes de vinaigre, tournez et mêlez bien; ajoutez goutte à goutte, et toujours en tournant, une cuillerée d'huile : votre sauce étant prise, et d'une quantité suffisante, ajoutez du vinaigre en versant doucement et tournant toujours. Cette sauce est très délicate, mais il faut avoir de la patience, car elle prend un quart-d'heure pour la bien faire et bien tourner; elle sert à masquer toutes sortes de viandes froides.

Sauce tomate.

Faites cuire dix tomates avec poivre et sel, et passez ensuite comme une purée; ajoutez un peu de farine si la sauce n'était pas assez épaisse; mettez un peu de jus. Lorsque vous voulez servir, ajoutez un demi-quarteron de beurre, que vous laissez fondre dans la sauce.

Sauce à la provençale.

Mettez dans une casserole 2 cuillerées d'huile fine, de l'échalote et champignons hachés, de l'ail; passez le tout sur le feu; mettez-y une pincée de farine, et mouillez ensuite avec bouillon et vin, sel, poivre, un bouquet garni; faites bouillir cette sauce à petit feu une demi-heure ; dégraissez-la, et ne laissez d'huile que ce qu'il faut pour qu'elle soit perlée et légère ; ôtez le bouquet et l'ail.

Salmis.

On ne fait de salmis qu'avec du gibier. Le canard domestique s'en accommode cependant aussi. Mettez dans une casserole un morceau de beurre manié de farine, et le laissez fondre sans roussir ; ajoutez un demi-verre de bouillon, autant de vin rouge, 2 échalotes entières, afin de pouvoir les retirer avant de servir, un bouquet garni que l'on retirera aussi, poivre, peu de sel ; laissez bouillir une demi-heure. Levez les membres et l'estomac de vos pièces de gibier, mettez-les chauffer dans cette sauce sans bouillir ; ajoutez filet de vinaigre. Garnissez le fond du plat de tranches de pain grillé, dressez dessus votre gibier, arrosez avec la sauce, et servez.

Braise ou daube.

Garnissez une marmite ou une casserole de bardes de lard et un pied de veau, assaisonnez de sel, poivre, persil, ciboules, thym, laurier, clous de girofle, ognons et carottes ; mettez sur cet assaisonnement

la pièce que vous voulez faire cuire, et
ajoutez un verre de vin blanc, autant
d'eau ou de bouillon , et un demi-verre
d'eau-de-vie; faites cuire à petit feu pendant plusieurs heures , et couvrez votre
casserole avec son couvercle, afin qu'il
n'y ait point d'évaporation. Ces propor-
tions sont pour une dinde ou une oie.

HACHIS.

Hachis de viande. (Entrée.)

Prenez telles viandes que vous aurez,
ajoutez de la chair à saucisses, si vous
voulez; hachez le tout très fin, et assaisonnez avec persil, ciboules, mie de pain,
et un ou deux œufs battus; mettez votre
viande dans une casserole, et passez-la
au feu avec un morceau de beurre et une
pincée de farine; mouillez de bouillon, et
laissez mijoter le tout une demi heure sur
un feu doux.

GRILLADES. (*Hors-d'œuvre.*)

Prenez de la rouelle de veau, ou de la
tranche de bœuf, ou de *gigot de mouton*,
ou *du cochon*, coupez-les de la largeur
de 4 doigts, de l'épaisseur d'un demi-
pouce; faites mariner avec un peu d'huile,
poivre, persil, ciboules, échalotes, le tout

haché, et faites cuire à moitié dans une casserole ; prenez une caisse de papier, que vous frottez partout avec de l'huile ; mettez les grillades dedans avec tout leur assaisonnement, un peu de chapelure et du sel ; couvrez d'une feuille de papier et faites cuire à petit feu sur le gril ; la cuisson faite, versez un filet de vinaigre ; servez avec la caisse.

BŒUF.

Le meilleur a la chair d'un rouge brun veiné de blanc et couverte de graisse. L'épaule ou paleron est inférieure ; le flanchet, le collet et la tête sont encore au-dessous.

Bœuf bouilli en persillade.

Coupez votre bœuf par tranches égales, épaisses comme une pièce de 2 sous. Prenez une casserole : dressez en couronnes vos morceaux les uns sur les autres ; assaisonnez de sel et poivre ; mouillez d'une cuillerée de jus ou bouillon : faites mijoter doucement une demi-heure. Ensuite, faites une sauce au jus, ou bouillon dans lequel vous mettez 5 minutes des fines herbes : ajoutez un filet de vinaigre, renversez votre bœuf sur le plat, et la sauce au milieu.

Bœuf en miroton. (Entrée.)

Prenez des ognons, que vous coupez par tranches, passez-les sur le feu avec un morceau de beurre jusqu'à ce qu'ils soient presque cuits ; ajoutez un pincée de farine, et remuez jusqu'à ce qu'elle soit d'une belle couleur ; mouillez avec bouillon, sel, poivre ; faites bouillir jusqu'à ce que l'ognon soit cuit, et qu'il ne reste plus de sauce, mettez du bœuf bouilli, coupé par petites tranches, faites cuire pour qu'il prenne le goût de l'ognon, et servez assaisonné de moutarde ou filet de vinaigre.

Bœuf bouilli et desservi. (Entrée.)

Il se sert encore à toutes sortes de sauces, piquante, à pauvre-homme, aux cornichons, Robert, en blanquette, rémolade, etc. On peut le garnir de pommes-de-terre-frites.

Bœuf en vinaigrette. (Entrée.)

Coupez par tranches minces, dressez dans un saladier, couronnez de filets d'anchois ou d'excellens harengs saurs, cerfeuil, ciboule et autres fournitures hachées, et cornichons coupés ; assaisonnez de poivre, huile et vinaigre, et servez sans la retourner.

Aloyau. (Rôt.)

Quand il est tendre, on le fait cuire ordinairement à la broche; parez-le en supprimant la graisse et les peaux : piquez-le, si vous voulez, de gros lard. On le sert dans son jus avec une sauce faite du jus du filet, filet de vinaigre, échalotes, sel et poivre, servie à part dans une saucière.

Bifteck (Entrée.)

Coupez du filet de bœuf en tranches d'un doigt d'épaisseur, battez pour les aplatir; ôtez les tours et les peaux; faites mariner dans le beurre tiède, sel et poivre; faites griller à feu vif, et servez saignant, avec beurre manié de persil, un filet de verjus ou du jus de citron.

Pour faire un *bifteck aux pommes-de-terre,* on le prépare entièrement comme le précédent, et on y ajoute des pommes-de-terre-frites au beurre. *Au cresson,* on ajoute du cresson assaisonné de vinaigre et du sel.

Entre-côte de bœuf. (Entrée.)

Retirez-en les nerfs; coupez-la de l'épaisseur de 2 travers de doigt; aplatissez, saupoudrez de sel et poivre; mettez sur le gril à feu vif; lorsqu'elle sera cuite, servez avec une sauce à la maître-d'hôtel et des pommes-de-terre-frites, ou une sauce piquante quelconque.

Bœuf à la mode. (Entrée.)

Prenez du bœuf, soit de la tranche, pièce ronde ou gîte à la noix ; battez-le bien ; lardez de gros lard ; mettez-le dans une casserole avec quelques couennes de lard, une moitié de pied de veau, un ognon, une carotte, un bouquet de fines herbes, laurier, thym, ail, clous de girofle, sel et poivre ; versez sur le tout un verre d'eau, un demi-verre de vin blanc ou une cuillerée d'eau-de-vie, et faites cuire jusqu'à ce que votre viande soit très-tendre ; ensuite passez le jus au tamis, dégraissez et servez. Il faut au moins 6 heures pour cuire un bœuf à la mode ; il doit être fait à petit feu et bien étouffé.

Langue de bœuf à l'écarlate. (Entrée.)

Frottez bien votre langue avec 2 onces de salpêtre en poudre ; mettez-la dans un vase de terre avec 3 petites poignées de sel, poivre, laurier, thym et basilic ; laissez-la mariner dans cette saumure 5 ou 6 heures ; faites blanchir, après l'avoir fait dégorger pendant 3 heures ; fai-

tes-la cuire à petit feu 2 ou 3 heures en
y ajoutant un tiers de votre saumure, carottes, ognons, clous de girofle, sel, poivre, et suffisamment d'eau pour qu'elle
baigne dans l'assaisonnement ; quand la
cuisson sera faite, retirez du feu, laissez-
la refroidir dans la sauce, et servez.

Langue de bœuf piquée et rôtie. (Rôt.)

Faites-la blanchir en la mettant à l'eau
froide : écumez ; retirez – la quand elle
bout, et la mettez à l'eau froide : retirez-
la de suite pour la faire cuire avec 2 cuillerées de bouillon, tranches de lard,
bouquet garni, un ou 2 ognons piqués de
girofle. Etant aux trois quarts cuite, retirez-la, levez – en la peau, piquez de
gros lard dans l'intérieur, et fin dessus.
Mettez la ensuite à la broche, une heure.
Servez une sauce piquante dans une saucière.

Palais de bœuf à la ménagère. (Entrée.)

On a 5 palais de bœuf qu'on nettoie
bien proprement, et qu'on fait cuire dans
l'eau ; on les épluche bien ensuite de
toutes les peaux qui les couvrent, on en
ôte tout le noir, et on les coupe par filets ;
on passe ensuite de l'ognon sur le feu

ognon est à moitié cuit, on y met les palais de bœuf, et on mouille son ragoût avec de bon bouillon, un peu de jus, si on en a, et un bouquet garni, et on assaisonne de bon goût; on y mêle des pommes-de-terre, on mouille encore de bouillon, la sauce réduite on met un peu de moutarde et on sert.

Queue de bœuf à la Saint-Lambert.
(Entrée.)

Faites-la dégorger à l'eau tiède, et la placez dans la casserole sur des bardes de lard, sel, poivre, épices, carottes, navets, céleri, ognons, bouquet garni; étant cuits, passez au tamis, faites une purée des légumes, versez le tout sur la queue, et servez.

Cervelle de bœuf en matelote. (Entrée.)

Nettoyez, ôtez le sang caillé, la petite peau et les fibres qui renferment la cervelle, faites dégorger pendant quelques heures; faites bouillir 3 verres d'eau avec une cuillerée de vinaigre, et jetez-y la cervelle avec vin ou vinaigre, ognons, thym, laurier, persil, sel et eau; faites cuire une demi-heure : quand elles sont avec un morceau de beurre, et quand cet cuites, passez au tamis; faites passer des petits ognons dans le beurre jusqu'à ce qu'ils soient de belle couleur, saupoudrez avec une pincée de farine, mouillez avec le vin dans lequel ont cuit vos cervelles, et ajoutez des champignons; dressez vos cervelles, versez votre ragoût, et servez.

Cervelle de bœuf marinée. (Entrée.)

Faites une marinade avec un morceau de beurre manié de farine, un peu d'eau, poivre, vinaigre, ail, échalotes, 3 clous de girofle, persil, ciboule; faites-la tiédir en la remuant sur le feu, mettez-y une cervelle de bœuf dégorgée à l'eau tiède, coupez-la par tranches épaisses d'un demi-doigt, faites mariner 2 heures, mettez égoutter et farinez; faites frire, servez garni de persil frit.

Rognon de bœuf au vin. (Entrée.)

Coupez vos rognons par tranches minces, saupoudrez-les de farine et passez-les au beurre dans la poêle, avec sel, poivre, persil et ciboule hachés : la cuisson faite, mouillez avec du vin, faites faire un bouillon, et servez.

Foie de bœuf sur le gril. (Entrée.)

Coupez par tranches minces, mettez

sur le gril, saupoudrez de sel et poivre, retournez, qu'ils soient très peu cuits : servez deux tranches l'une sur l'autre, et mettez entre chaque une boulette de beurre manié de persil.

Gras-double en fricassée de poulet.
(Entrée.)

Ratissez, nettoyez avec beaucoup de soin, et lavez à plusieurs eaux bouillantes des morceaux de gras-double, gras, bien épais; faites ensuite dégorger dans l'eau fraîche, et cuire à l'eau avec tranches d'ognons, ail, clous de girofle, passez-les dans le beurre avec une pincée de farine, mouillez d'un peu de bouillon, liez la sauce avec des jaunes d'œufs, et servez.

VEAU.

Le veau de 6 semaines ou deux mois est le plus estimé : plus petit, il n'a ni goût ni saveur; plus gros, il n'est pas si délicat. Il est meilleur depuis mai jusqu'en septembre.

Veau rôti.

Les parties qui servent à la broche sont le *carré avec son rognon*, le morceau qui y tient ou *morceau d'apr s*; on peut aussi servir le *quasi* : le veau se sert très cuit.

Pour le carré ou longe, vous faites ôter, par le boucher, la côte qui se trouve sous le rognon, et un os un peu rouge qui est au bout opposé, ensuite vous roulez le bout de la longe jusqu'au rognon, et le liez avec une ficelle; enveloppez de papier beurré et embrochez.

Carré à la bourgeoise. (Entrée.)

Lardez un carré de veau avec du lard manié de fines herbes hachées, sel, fines épices; mettez-le dans une terrine foncée de quelques petites bardes de lard, couvrez de tranches d'ognons, de carottes, un peu d'eau-de-vie; couvrez la terrine, faites cuire à petit feu, servez avec la sauce chaud ou froid.

Poitrine aux petits pois. (Entrée.)

Coupez une poitrine de veau par petits morceaux, passez sur le feu avec beurre et pincée de farine, sel et poivre; ajoutez un verre d'eau ou du bouillon, un bouquet de persil, laissez cuire une heure et demie, et mettez des pois moyens; quand ils sont cuits, dégraissez et servez.

Poitrine à la poulette. (Entrée.)

Coupez-la par carrés que vous faites blanchir, mettez dans la casserole avec beurre, poivre, sel; le beurre étant fondu, ajoutez une pincée de farine ou du persil, mouillez avec de l'eau ou du bouillon; faites cuire une heure et demie, mettez un filet de vinaigre, liez de jaunes d'œufs.

Tendons en matelote. (Entrée.)

Faites un roux et faites-y revenir vos tendons, mettez un verre d'eau ou de bouillon et autant de vin, sel, poivre, clous de girofle, ail, bouquet garni; quand ils sont presque cuits, ajoutez des petits ognons roussis dans du beurre et des champignons, achevez de cuire à gros bouillons, dégraissez et servez.

Côtelettes de veau en papillottes. (Entrée.)

Garnissez-les des deux côtés d'une farce composée de mie de pain, petit lard, persil, ciboules, champignons si vous voulez, le tout haché fin, sel, poivre; recouvrez d'une mince barde de lard, enveloppez avec soin d'un bon papier beurré ou huilé; faites cuire trois quarts-d'heure à petit feu, et servez avec le papier.

Côtelettes de veau aux fines herbes. (Entrée.)

Faites fondre un morceau de beurre,

et mettez-y vos côtelettes avec sel, poivre, épices, sautez-les dans le beurre 5 minutes; ayez des fines herbes et des champignons hachés, mettez-en la moitié sur vos côtelettes, retournez-les, et ajoutez le reste de vos fines herbes; sautez-les encore autant, ajoutez un filet de vinaigre; dressez en couronne, et l'assaisonnement au milieu.

Côtelettes de veau au naturel. (Entrée.)

Saupoudrez-les de sel et poivre, trempez-les dans du beurre fondu, mettez sur le gril; retournez, arrosez du reste du beurre; servez-les ainsi ou avec une sauce piquante.

Filets de veau à la provençale. (Entrée.)

Prenez du veau cuit à la broche et froid, coupez-le en filets minces, faites une sauce avec un morceau de beurre manié de farine, un demi-verre d'huile, persil, ciboules, échalotes, le tout haché, sel, poivre; faites lier la sauce sur le feu sans que l'huile paraisse, un filet de vinaigre; mettez-y les filets de veau chauffer sans qu'ils bouillent; servez.

Fricandeau. (Entrée.)

Prenez une noix de veau, piquez-la

très fin : pour qu'elle soit très blanche, mettez-la tremper 4 à 5 heures dans l'eau froide, essuyez-la et la faites cuire dans une casserole avec carottes, ognons, bouquet de persil, laurier, thym, 2 clous de girofle, sel, poivre, 3 verres de bouillon; faites cuire à feu doux, retirez, passez la sauce, faites-la réduire; dressez le fricandeau sur un plat; trempez une plume dans la partie épaisse de la sauce, et dorez-en le dessus du fricandeau : c'est ce qu'on appelle *glacer*. Délayez sur le feu le reste de la sauce avec une cuillerée de bouillon, et servez-la sous votre fricandeau. Vous pouvez aussi le servir sur un ragoût de chicorée, d'épinards, de petits pois; l'usage le plus fréquent est de le servir sur une farce d'oseille.

Blanquette de veau. (Entrée.)

La blanquette se compose ordinairement du restant d'un rôti de veau à la broche; coupez-le par tranches minces, mettez les morceaux dans une casserole où vous avez fait fondre du beurre frais, dans lequel vous avez mis une pincée de farine sans roussir, sel, poivre, petit bouquet de persil et ciboules, un peu de laurier; faites revenir le tout ensemble, et mouillez avec du bouillon, faites bouillir doucement 5 minutes, servez à courte sauce, avec une liaison de jaunes d'œufs et filet de vinaigre.

Noix de veau dans son jus. (Entrée.)

C'est un morceau qui fait partie de la cuisse, près de la queue. Parez et piquez l'intérieur de gros lard assaisonné d'épices : piquez aussi le dessus de lard fin. Faites-la cuire 4 heures dans une braise, passez la sauce que vous faites réduire, et servez sous le morceau.

Quasi de veau aux ognons. (Entrée.)

Lardez un quasi de veau avec du lard manié de persil et ciboules hachés, sel, poivre; prenez 6 ognons, que vous faites blanchir, et lardez de gros lard; faites-les cuire avec le quasi, sur des bardes de lard, un verre de vin; faites cuire à très-petit feu sur de la cendre chaude; la cuisson faite, dressez le quasi, les ognons autour; dégraissez la sauce, passez au tamis; et servez-la sur la viande et les ognons.

Épaule de veau à la bourgeoise. (Entrée.)

Mettez de l'épaule de veau dans une casserole, avec vinaigre, sel, poivre, ciboules, une gousse d'ail, thym, laurier, ognons, et carottes coupées en tranches ; ajoutez un morceau de beurre, et mouillez d'un verre de bouillon ; laissez sur le feu 3 heures, dégraissez la sauce, passez-la au tamis, et servez-la dessous l'épaule.

Foie de veau à la broche. (Rôt.)

Lardez de gros lard, faites-le mariner 4 heures avec persil, ciboules, laurier, thym, sel, 2 cuillerées d'huile ; tirez-le de sa marinade, enveloppez-le d'une *voile* ou *toilette* de porc, ou d'un papier beurré, faites cuire environ 5 quarts d'heure ; servez-le au naturel avec une sauce dans une saucière faite du jus du foie, échalottes hachées, 2 cuillerées de bouillon, sel, poivre et fines herbes.

Foie de veau à la bourgeoise. (Entrée.)

Piquez un foie de veau avec des lardons assaisonnés d'aïl, fines herbes, sel et poivre. Faites un roux que vous mouillez avec jus ou bouillon, et une verre de vin blanc ; mettez cuire votre foie dedans, garni de carottes, sel, poivre et épices, un gros ognon piqué de 3 clous de girofle ; faites cuire à feu très doux l'espace de 2 heures au plus ; dégraissez et servez.

Foie de veau à la poêle. (Entrée.)

Coupez du foie de veau par tranches, et le mettez dans une poêle avec persil et ciboules hachés, un morceau de beurre; passez sur le feu, et mettez-y une pincée de farine; mouillez avec bouillon, une cuillerée de vinaigre ou un demi-verre de vin, sel, poivre et épices; laissez cuire 10 minutes en tout et servez.

Foie de veau en bifteck. (Entrée.)

Coupez du foie par tranches d'un doigt d'épaisseur; faites revenir des 2 côtés 5 minutes dans le beurre, et saupoudrez de sel; dressez sur un plat chaud, et couvrez de boulettes de beurre manié de persil, ciboule, sel, poivre; mettez un filet de vinaigre.

Rognon de veau. (Hors-d'œuvre.)

On n'est pas dans l'usage de se servir du rognon de veau de la même manière que de ceux de mouton, parce qu'on le laisse ordinairement au morceau dont il dépend, et que l'on fait rotir le tout ensemble.

Fraise de veau à la vinaigrette. (Hors-d'œuvre.)

Faites cuire votre fraise de veau dans

l'eau avec une cuillerée de farine, un ognon piqué de clous de girofle, sel, poivre, carottes, panais. Vous la mangez à la vinaigrette.

Ris de veau. (Entrée).

On les pique, on les fait cuire et on les sert comme le fricandeau de veau, on les rend plus blancs en les mettant tremper 4 à 5 heures dans du lait.

On les sert aussi en fricassée de poulet. Faites-les bouillir une demi-heure à l'eau bouillante, avec une cuillerée de farine, et ensuite vous les accommodez comme la fricassée de poulet.

Mou de veau au blanc. (Entrée.)

Faites dégorger un mou de veau, et changez-le d'eau plusieurs fois, faites-le blanchir, repassez-le à l'eau froide, et coupez-le en petits morceaux; mettez-le ensuite dans une casserole, et faites cuire avec un morceau de beurre, une pincée de farine; ayez soin que votre beurre ne prenne point de couleur, mouillez avec bouillon, poivre, sel persil, ciboules, thym et laurier; quand il est à moitié cuit, ajoutez des petits ognons et des champignons; au moment de servir, liez votre sauce avec des jaunes d'œufs, et servez avec un filet de vinaigre.

Mou de veau en matelote. (Entrée.)

Faites dégorger comme le précédent, et cuire à moitié dans l'eau avec sel, poivre, vinaigre, ognon; faites revenir du lard et des petits ognons dans une casserole avec une cuillerée de farine, pour faire un roux, mettez un verre de vin et autant d'eau, bouquet garni, mettez·y le mou et achevez de cuire; dégraissez et servez.

Cervelles de veau en matelote. (Entrée.)

Enlevez la peau mince qui les enveloppe, après les avoir bien nettoyées, faites-les dégorger pendant 3 heures, faites-les blanchir 10 minutes dans de l'eau bouillante avec du sel et quelques cuillerées de vinaigre; retirez-les et les jetez dans l'eau froide, faites revenir de petits ognons dans le beurre dans une casserole, et mettez de la farine pour faire un roux, ajoutez un demi-verre d'eau ou bouillon et autant de vin, champignons, bouquet garni et les cervelles, achevez de cuire 10 minutes, et servez.

Cervelles au beurre noir. (Entrée.)

Prenez 3 belles cervelles, faites-les dégorger comme ci-dessus et blanchir; faites bouillir de l'eau, ajoutez un verre de vinaigre, du sel, clous de girofle, un bouquet et 2 ognons coupés en tranches; faites bouillir une demi-heure, passez au tamis, et remettez au feu, mettez ensuite vos cervelles dedans avec gros comme une noix de beurre; laissez cuire une demi-heure, égouttez, dressez vos cervelles, et servez dessous une sauce au beurre noir. (*Voyez* Raie au beurre noir.)

Cervelles de veau frites. (Hors d'œuvre.)

Préparez comme les précédentes, coupez-les en plusieurs morceaux, mettez-les mariner avec sel, poivre et vinaigre : au moment de les faire frire, égouttez-les, trempez-les dans la pâte à frire, et mettez dans la friture : dressez-les sur un plat chaud avec persil frit.

Queues de veau à la rémolade. (Entrée.)

Faites cuire des queues de veau dans une braise faite avec bouillon, un bouquet garni, sel, poivre, vin ou vinaigre; mettez-les égoutter, et trempez-les dans de l'œuf battu, panez de mie de pain, trempez-les dans l'huile, et repanez ; faites griller de belle couleur, en les arrosant légèrement avec de l'huile ; servez sur une rémolade.

Queues de veau à la flamande. (Entrée.)

Coupez un chou en quatre, faites-le blanchir un quart-d'heure avec 2 queues de veau, un morceau de petit lard coupé en tranches, tenant à la couenne ; ficelez le lard et le chou, que vous mettez cuire avec les queues, bon bouillon, un bouquet de fines herbes, sel, gros poivre ; dressez sur le plat avec le petit lard, lés choux, et servez.

Tête de veau au naturel. (Entrée et relevé.)

Prenez une tête de veau bien blanche, faites-la dégorger 4 à 5 heures dans l'eau froide, s'il est possible, mettez-la sur le feu dans un chaudron plein d'eau ; retirez quand elle a bien écumé et la mettez à l'eau froide, égouttez sur un linge et flambez à feu vif : ôtez les os de la mâchoire inférieure, désossez aussi le bout du mufle jusqu'auprès des yeux, en relevant la peau sans l'endommager, coupez le museau sans blesser la langue, lavez-la et la faites tremper 5 à 6 heures à l'eau fraîche, enveloppez-la d'un linge blanc, et faites cuire dans une eau blanche que vous faites avec un peu de farine délayée sans grumeau, sel, poivre, un demi-verre de vinaigre, un gros bouquet garni, une gousse d'ail; il faut qu'elle trempe bien, et qu'elle bouille 4 heures à petit feu; retirez-la, fendez avec soin la peau, et ôtez les deux os du crâne; recouvrez la cervelle, et servez chaud dans le plat sur une serviette, et entouré de persil et d'écrevisses. Servez dans une saucière une sauce faite d'une poignée de fourniture de salades et échalotes hachées très fin, avec vinaigre, sel et poivre.

Oreilles de veau.

Prenez des oreilles bien échaudées, flambez-les afin qu'il n'y reste plus de poil, et faites les blanchir, mettez-les ensuite dans une casserole avec un verre de vin blanc, sel, poivre, thym, laurier, persil, ciboules et plusieurs racines; quand elles sont cuites, servez avec une sauce piquante ou à la ravigote. (*Entrée.*)

On peut encore les servir avec purée de pois verts. (*Entrée.*)

Langue de veau. (Entrée.)

Les langues de veau s'accommodent comme celles de bœuf. (*Voy.* page 21.)

Pieds de veau. (Entrée.)

Les pieds de veau se font cuire de la même façon que la fraise (page 32.); si vous voulez les servir dans leur naturel, quand ils sont cuits et égouttés vous les servez chauds avec du sel, gros poivre, vinaigre et fines herbes dans une saucière.

Pieds de veau à la poulette. (Entrée.)

Cuits et marinés comme les précédens, vous les assaisonnez de la même manière que les cervelles de veau. (*Voy.* page 34.)

Pieds de veau frits. (Hors-d'œuvre.)

Cuits et marinés comme les précédens, vous les trempez dans la pâte et les faites frire.

MOUTON.

Il faut le choisir d'une chair noire, gras en dedans, et le laisser mortifier pour qu'il soit tendre.

Gigot rôti. (Rôt.)

Pour que le gigot rôti soit un excellent manger, il faut qu'il soit bien mortifié; pour cet effet, ayez soin de ne le faire cuire que 4 jours après que le mouton aura été tué; battez-le bien pour l'attendrir davantage; enlevez-en la peau, et faites-le mariner un jour ou 2 avec de l'huile, poivre, ognon, persil; mettez une gousse d'ail dans le manche; embrochez-le et faites le cuire à un feu très vif, de manière à ce qu'il soit saisi; tournez-le souvent et arrosez avec son jus et la marinade, laissez-le cuire une heure et demie.

Gigot à l'eau on braisé. (Entrée.)

Désossez-le jusqu'à l'os de la cuisse, que vous enlevez ainsi que la peau; lardez-le très serré de gros lard assaisonné de sel, poivre, fines épices, ail et persil hachés très fin, ficelez-le, mettez-le dans une casserole, garnissez-le de bardes de lard, et faites-lui prendre couleur, ensuite ajoutez la moitié d'un pied de veau, carottes, ognons, clous de girofle, bouquet garni, sel, poivre, mouillez avec un verre de vin blanc et autant d'eau, faites cuire 4 heures à très petit feu; quand la cuisson est faite, dégraissez la sauce, et servez.

Emincées de mouton aux cornichons.

Prenez du gigot cuit à la broche, coupez la chair très mince et de la grandeur d'un écu ; mettez ces émincées dans une casserole , faites un roux, mouillez avec un peu de bouillon, sel, poivre ; faites réduire votre sauce, ajoutez un morceau de beurre et des cornichons coupés en tranches , mettez vos émincées dans la sauce, et faites cuire doucement sans faire bouillir. (Entrée.)

Carré à la bourgeoise. (Entrée.)

Mettez-le cuire dans une casserole avec du bouillon , un verre de vin blanc , persil, ciboules, une gousse d'ail, 2 clous de girofle, sel, poivre ; la cuisson faite, passez la sauce au tamis, dégraissez et faites réduire ; mettez-y un morceau de beurre manié de farine, persil haché ; faites-le lier sur le feu, mettez un jus de citron ou filet de vinaigre , et servez sur le carré.

Cotelettes de mouton grillées. (Entrée.)

Aplatissez vos côtelettes, saupoudrez-les de sel et poivre , et faites-les griller sur un feu vif, pendant environ dix minutes.

Côtelettes de mouton panées. (Entrée.)

Parez vos côtelettes : passez - les au

beurre tiède avec sel et poivre; panez-les de mie de pain, faites-les cuire sur le gril à un feu vif pendant dix minutes; dressez-les en couronne sur le plat, et servez-les seules ou avec une maître-d'hôtel Une autre manière de paner les côtelettes consiste à les tremper , en les tenant par l'os, dans le pot-au-feu bouillant, et du côté où se forme la graisse Elles sont ainsi saisies et graissées; vous les panez à l'instant.

Côtelettes de mouton à la purée d'oseille.
(Entrée.)

Vous les faites cuire avec bouillon, bouquet garni; quand elles sont cuites, vous passez la sauce que vous dégraissez et faites réduire; servez sur une farce d'oseille.

Côtelettes de mouton sautées à la poêle.
(Entrée.)

Vous les faites cuire à petit feu dans une poêle, avec un morceau de beurre; quand la cuisson est faite, faites - les égoutter de leur graisse ; laissez dans votre poêle une demi-cuillerée de graisse , et ajoutez quelques cuillerées de bouillon, échalotes, fines herbes, le tout haché, sel, poivre , cornichons coupés en

filets : faites bouillir ; dressez vos côtelettes, et servez la sauce dessus avec filet
de vinaigre.

Côtelettes de mouton aux légumes.
(Entrée.)

Parez des côtelettes que vous faites
suer sur le feu avec un morceau de
beurre ; bouquet de persil, ciboules, clous
de girofle, ail ; mouillez avec un verre
de bouillon, autant de vin, une tranche
de jambon en filets, et une carotte ; faites
cuire, dégraissez, servez à courte sauce
avec le jambon et les racines. Les côtelettes ainsi cuites à la braise se servent
avec toutes sortes de ragoûts de légumes,
comme de petits ognons, concombres,
navets, petits pois, chicorée.

Épaule de mouton rôtie. (Rôt.)

On la pique avec du persil en branches, au lieu de lard, et on la met à la
broche en l'arrosant avec soin.

— *Épaule roulée.* (Entrée.)

Désossez-la, piquez-la, roulez-la et la
liez d'une ficelle ; faites-la cuire dans une
braise ; retirez-la, et faites réduire le jus
avec lequel vous la servez.

Haricot de mouton. (Entrée.)

Faites revenir dans une casserole, de l'épaule, de la poitrine ou des côtelettes de mouton coupées par morceaux ; retirez-les et faites un roux ; quand il est de belle couleur, mouillez de bouillon, ajoutez sel, poivre, bouquet garni, une gousse d'ail ; mettez votre viande ; quand elle est presque cuite, ayez des navets que vous passez au beurre dans la poêle jusqu'à ce qu'ils soient d'une couleur jaune un peu foncée ; mettez-les alors dans votre haricot, laissez-les cuire une demi-heure, dégraissez la sauce et servez. On le peut faire aussi avec des pommes-de-terre ou des carottes au lieu de navets.

Rognons de mouton à la brochette. (Hors-d'œuvre.)

Ouvrez vos rognons par le milieu ; et passez en travers une petite brochette ; assaisonnez-les de sel, poivre, et faites-les cuire sur le gril ; quand ils sont cuits, dressez-les dans un plat, et servez dessous une maître-d'hôtel. Les rognons ont une peau que l'on enlève aisément quand ils ont trempé 5 minutes dans l'eau froide.

Rognons de mouton au vin blanc, dits rognons au vin de Champagne. (Entrée.)

Coupez vos rognons par tranches minces, et les accommodez comme il est indiqué pour les rognons de bœuf (page 24).

Langues de mouton en papillotte.
(Entrée.)

Faites-les blanchir et cuire dans le pot-au-feu, retirez-les et égouttez; levez la peau de dessus, hachez des fines herbes que vous passez au beurre avec du lard haché fin, sel et épices, ajoutez-y vos langues, puis faites refroidir dans une terrine, garnissez ensuite vos langues de cet assaisonnement, enveloppez-les chacune d'un papier huilé coupé en cœur, et reployé tout autour; faites griller doucement.

Langues de mouton à la purée. (Entrée.)

Cuites de même, vous pouvez les servir sous une purée de lentilles, de pois ou d'épinards que vous mouillez avec le fond de la cuisson.

Cervelles de mouton. (Entrée.)

Elles s'accommodent comme celles de veau (page 34). Il n'est pas nécessaire de les blanchir autrement qu'en versant dessus de l'eau bouillante qu'on laisse 5 minutes : on les sert aussi sur une rémolade ou tomate.

Queues de mouton à la braise. (Entrée.)

Faites cuire plusieurs queues dans une casserole avec ognons, carottes, céleri, fines herbes, sel, poivre et bouillon, laissez sur le feu 3 heures; quand elles sont cuites, faites réduire la sauce, et servez sur une purée d'oseille, de lentilles, un ragoût de choux, de chicorée ou une sauce tomate.

Pieds de mouton à la poulette. (Entrée.)

Mettez-les, après les avoir bien épluchés, dans une marmite, avec assez d'eau pour les faire tremper, ajoutez un gros ognon, clou de girofle, bouquet garni et une poignée de sel; faites cuire 10 à 12 heures; quand la cuisson est faite, retirez-les et ôtez une partie des os; faites un roux avec un morceau de beurre, une cuillerée de farine, mouillez de bouillon, mettez les pieds avec champignons si vous voulez, petits ognons, persil et ciboules hachés, sel, poivre, muscade; laissez mijoter une demi-heure, et au moment de servir, liez votre sauce avec des jaunes d'œufs, et servez avec filet de vinaigre.

Pieds de mouton frits. (Hors-d'œuvre.)

Cuits à l'eau et désossés comme les précédens, faites-les mijoter une heure dans une marinade composée avec sel, poivre, ail, vinaigre, un peu de bouillon, beurre manié de farine, laurier et clous de girofle; faites-les refroidir, trempez-les dans de l'œuf battu, panez de mie de pain; faites frire de belle couleur, servez garni de persil frit.

L'*agneau* et le *chevreau* s'accommodent de la même manière que le mouton.

Issues d'agneau au petit lard. (Entrée.)

(On comprend sous le nom d'Issues, la tête, le foie, le cœur, le mou et les pieds.)

Faites dégorger à l'eau tiède, et blanchir à l'eau bouillante; mettez cuire avec du bouillon un morceau de petit lard coupé en tranches, un bouquet garni, racines, ognons; faites infuser sans bouillir sur de la cendre chaude, persil ciboules, laurier, ail, clous de girofle, échalotes, sel, poivre, 2 cuillerées de vinaigre, un verre de bouillon, un peu d'huile d'olive; dressez les issues bien égouttées

dans le plat que vous devez servir, la tête
au milieu, la cervelle découverte, la fres-
sure et les pieds autour, les morceaux de
petit lard dessus ; passez la sauce au tamis, mettez-la dans une saucière, et servez le tout chaudement.

COCHON.

Porc frais à la broche. (Rôt.)

Faites mariner 3 jours une échinée ou
un filet de cochon dans de l'huile, sel,
poivre, persil, ognon en tranches, laurier, 2 clous de girofle concassés ; vous la
faites cuire à la broche en l'arrosant de
sa marinade.

Côtelettes de porc frais. (Entrée.)

Après les avoir fait mariner, si vous
voulez, comme ci-dessus, vous les faites
cuire sur le gril ou dans la poêle, et les
servez sur une sauce Robert avec des cornichons en tranches, ou une sauce piquante, ravigote, une farce d'oseille, etc.

Cochon de lait à la broche. (Rôt.)

Il faut l'échauder, c'est-à-dire le tremper dans l'eau bouillante par un bout,
tandis que l'on le retient par l'autre, et le
ratisser pour en enlever le poil ; troussez
le corps, mettez-le à la broche, et lors-

qu'il est bien chaud, arrosez-le 5 ou 6 fois d'eau que vous aurez mise dans la lèchefrite avec une poignée de sel; retirez cette eau et l'arrosez alors souvent avec de l'huile, pour que la peau soit croquante, et servez chaud et bien vite sortant de la broche.

Rognons de cochon au vin. (Entrée.)

Coupez vos rognons en morceaux, passez-les à la poêle avec beurre, sel, poivre, persil, ciboules hachés, remuez souvent afin qu'ils ne s'attachent pas, mettez une pincée de farine, et mouillez avec du vin, retournez votre ragoût sans laisser bouillir; quand il est cuit, servez.

Queues de cochon à la purée. (Entrée.)

Coupez-les en 3 ou 4 morceaux, après les avoir échaudées et flambées; faites cuire avec lentilles, carottes, ognons, clous de girofle, thym, laurier, sel et poivre; mouillez avec de l'eau; mettez les queues quand elles sont cuites, dans une casserole avec du bouillon, passez vos lentilles et faites réduire votre purée, si elle n'est pas assez épaisse; servez ensuite les queues avec la purée dessous.

Jambon ; manière de le faire cuire. (Entrée.)

Mettez-le dessaler 24 heures à grande eau, nouez-le dans un linge blanc ; placez-le ensuite dans une marmite sur une bonne poignée de foin avec thym, laurier, ail, 10 à 12 ognons, 4 à 5 clous de girofle, carottes en tranches, une once de salpêtre pour un jambon de 8 livres : mouillez-le d'eau, et si vous voulez, une bonne bouteille de vin blanc. Sondez avec une lardoire, si elle entre facilement il est cnit. Retirez du feu et laissez refroidir dans la marmite : retirez-le ; ôtez l'os du milieu sans l'endommager et placez le jambon dans une terrine creuse pour qu'il prenne une forme ronde. Levez la couenne et chapelez-le.

LIÈVRE.

Lièvre ou levreau à la broche. (Rôt.)

Mettez à la broche la partie de derrière d'un lièvre, après l'avoir piquée de lard fin ; arrosez très souvent ; quand il est cuit, servez avec une sauce noire faite de son jus, vinaigre, sel, poivre et ciboule. Vous pouvez faire un civet de la partie de devant qui vous reste.

Civet de lièvre. (Entrée.)

Faites revenir à la casserole un quarteron de lard de poitrine coupé par morceaux, avec de petits ognons et du beurre ; quand les ognons ont pris couleur, retirez-les ; mettez votre lièvre coupé par morceaux et mariné comme celui ci-dessus ; faites revenir ; ajoutez une cuillerée de farine, et un instant après mouillez d'un verre d'eau ou de bouillon, et demi-bouteille de vin, avec un bouquet garni et du poivre : au bout de 3 quarts-d'heure, remettez les ognons ; une heure suffit pour toute la cuisson ; quand il est cuit, si vous avez de son sang, mettez-le dedans, ajoutez gros comme une noix de sucre, et faites lier la sauce sur le feu : servez à courte sauce.

LAPIN.

Si vous employez un lapin domestique, videz-le aussitôt tué et garnissez l'intérieur de thym, laurier, sauge, basilic, poivre et sel, que vous retirez ensuite. Vous ferez bien aussi de le faire mariner par morceaux avant de l'employer.

Gibelote de lapin. (Entrée.)

Faites revenir du lard coupé en gros

dés, avec de petits ognons ; lorsqu'ils ont pris couleur, retirez-les ; faites cuire dans la même casserole , et mettez-y votre lapin coupé par morceaux ; passez sur le feu ; une demi-heure après, ajoutez les petits ognons et des champignons ; avant de servir, ôtez le bouquet, dégraissez la sauce et servez bien chaud.

Civet de lapin. (Entrée.)

Se fait comme un civet de lièvre.

Fricassée de lapin à la Saint-Lambert. (Entrée.)

Coupez-le en morceau ; mettez-le cuire dans du bouillon, qu'il baigne ; assaisonnez de sel, poivre, muscade et épices ; garnissez de 2 carottes, 4 ognons, 2 navets, 3 pieds de céleri et un bouquet garni ; les légumes étant cuits ; retirez-les, passez-les en purée ; si votre lapin est cuit, passez le fond au tamis, faites-en une sauce un peu épaisse , et mouillez votre purée de cette sauce ; dressez votre lapin et le masquez avec la purée.

Lapin au jambon. (Entrée.)

Coupez-le en morceaux , piquez-le de gros lard, et faites cuire avec des tranches de jambon, un peu d'huile, un verre

de vin blanc, un bouquet de persil, ciboule, bouillon, poivre; prenez le fond de
la sauce que vous passez; dégraissez, et
servez sur le lapin.

GIBIER A PLUME.

PERDRIX ET PERDREAU.

Le perdreau rouge, le plus estimé, a
les pates rouges. Le perdreau gris a le bec
et les pates tirant un peu sur le noir. On
connaît les jeunes à l'aile, dont la première plume est pointue et n'a pas de
blanc.

Perdreau à la broche. (Rôt.)

Plumez, videz, piquez fin, et faites
cuire à la broche. Il est important de sai-
sir le point de cuisson, car un perdreau
trop cuit n'a plus de saveur.

Salmis de perdreaux. (Entrée.)

Voyez le salmis, page 16.

Perdrix aux choux. (Entrée.)

Plumez, videz, flambez, troussez deux
perdrix; faites revenir à la casserole avec
du beurre et une pincée de farine; mouillez de 3 verres de bouillon; ajoutez un
quarteron de lard coupé en dés, un bouquet garni; laissez cuire. Mettez dans une

petite marmite un chou de Milan, ou frisé, avec trois quarterons de petit salé et 2 cuillerées de graisse ; emplissez d'eau et faites cuire aux 3 quarts. Faites égoutter les choux et les mettez dans la casserole achever de cuire une demi-heure avec les perdrix, et dressez sur le plat.

Perdrix à la ménagère. (Entrée.)

Flambez et videz, et faites-la cuire à petit feu pendant 3 heures dans une petite marmite, avec un verre de bouillon, bardes de lard, ognons, carottes, un peu de sel, poivre ; dégraissez la sauce, passez et servez sur la perdrix.

BÉCASSE ET BÉCASSINE.

Bécasses et bécassines à la broche. (Rôt.)

Vous les servez piquées et bardées avec feuilles de vigne ; vous ne les videz pas ; mettez dessous des rôties de pain pour recevoir ce qui en tombe, et servez dessus les rôties.

Salmis de bécasses et bécassines. (Entrée.

*V*oyez le salmis, page 16.

DE LA CAILLE.

Cailles à la broche. (Rôt.)

Vous les plumez, videz et flambez ; enveloppez de feuilles de vigne et bardes de lard, faites-les cuire, et servez de belle couleur sur des rôties de pain. Desservies, on peut les mettre en salmis.

ALOUETTE OU MAUVIETTE.

Alouettes à la broche. (Rôt.)

Les alouettes se mettent cuire à la broche, bardées, vous ne les videz point, et mettez dessous des rôties de pain pour recevoir ce qui en tombe ; servez les alouettes sur les rôties.

On les sert encore en salmis, en matelote et sautées aux fines herbes.

GRIVES ET MERLES.

Différentes manières de les accommoder. (Rôts)

Les grives et les merles se servent en plats de rôts ; on les plume, et on les met cuire à la broche avec des rôties dessous.

PIGEONS.

Pigeons rôtis. (Rôts.)

Troussez les pates en dedans, couvrez de bardés de lard ; et mettez dessus des feuilles de vigne ; faites cuire à la broche, et arrosez de leur jus ; dressez sur le plat et servez ; demi-heure suffit.

Pigeons aux petits pois. (Entrée.)

S'ils sont gros, vous les coupez en deux après avoir troussé les pates en dedans ; mettez-les dans une casserole avec un morceau de beurre et du petit lard, faites-leur prendre couleur, et ajoutez un litron de pois, un bouquet garni ; passez-les sur le feu, et y mettez une pincée de farine, mouillez avec du bouillon, faites cuire à petit feu ; quand ils sont cuits, ajoutez un morceau de beurre manié de farine, et servez à courte sauce.

Pigeons à la crapaudine. (Entrée.)

Fendez-les par le dos, aplatissez-les sans beaucoup casser les os, frottez avec de l'huile, sel, poivre, persil, ciboules, le tout haché ; faites tenir le plus possible d'assaisonnement, panez de mie de pain ou de chapelure ; mettez sur le gril . faites cuire à petit feu ; quand ils sont de belle couleur servez avec une sauce que vous faites avec verjus ou vinaigre, sel, poivre, échalotes hachées, et un morceau de beurre.

Pigeons en compote. (Entrée.)

Mettez dans une casserole du lard par morceaux, faites-y revenir des pigeons entiers ; retirez-les, ainsi que le lard, faites un roux peu coloré, mouillez de bouillon avec poivre, bouquet garni, champignons, petits ognons; remettez les pigeons et le lard, faites cuire une heure à petit feu, dégraissez et servez.

CANARD.

Canard à la broche. (Rôt.)

Le canard et le caneton se mangent souvent rôtis à la broche; il faut 3 quarts-d'heure de cuisson.

Canard en salmis. (Entrée.)

On sert ainsi les canards cuits à la bro-che. *Voy.* Salmis, page 16.

Canard aux pois. (Entrée.)

Commencez par le passer avec du lard à la casserole, pour lui faire prendre couleur; retirez le canard et le lard, faites un roux avec une pincée de farine, mouillez avec bouillon; mettez-y le canard avec un litron de pois, un bouquet garni, un peu de poivre; faites bouillir à petit feu jusqu'à ce que tout soit cuit : dégraissez.

Canard aux navets. (Entrée.)

Faites roussir des petits navets dans une casserole avec du beurre et un peu de sucre, retirez-les ; faites revenir dans la même casserole votre canard, retirez-le, et, après avoir nettoyé le fond de la casserole, vous faites un roux avec du beurre frais, et mouillez avec du bouillon ; on y met ensuite le canard avec un bouquet garni, un peu de sel, du poivre, vous y joignez vos navets que vous faites cuire avec le canard : quand le ragoût est bien cuit, bien dégraissé, on sert à courte sauce.

Canard en daube. (Entrée.)

Vous le faites cuire comme la dinde en daube, et servez froid entouré de sa gelée faite du jus que vous avez clarifié.

OIE.

Oie à la broche. (Rôt.)

Elle demande plus de cuisson que les autres pièces ; il en découle une graisse très utile dans la cuisine de la ménagère : il faut 2 heures ; on peut la farcir comme le dindon.

Oie en salmis. (Entrée.)

Voyez la manière de la préparer, page 16

Oie en daube. (Entrée.)

Elle se fait comme la dinde en daube :

il faut dégraisser, car elle rend beaucoup.

Oies de différentes façons. (Entrées.)

Prenez une oie entière ou une partie,
qui aura été cuite à la broche, et faites
réchauffer avec différentes sauces, comme
sauce Robert, sauce à la ravigote, ragoût
de navets, de petits ognons : vous les servez aussi aux purées de pois, de lentilles,
de navets et d'ognons.

VOLAILLE.

Blanquette de volaille. (Entrée.)

Vous la faites comme la blanquette de
veau, page 29.

Capilotade de volaille. (Entrée.)

Hachez persil, champignons, échalotes, passez le tout au beurre avec 2 cuillerées de farine pour faire un roux; mouillez avec bouillon ou eau Quand cette
sauce aura bouilli un quart-d heure; faites chauffer dedans votre volaille par
morceaux.

Mayonnaise de volaille. (Entrée froide.)

Dressez en rond sur le plat des morceaux de volaille rôtie, garnissez le milieu de cœurs de laitues, ajoutez encore

un cordon d'œufs durs coupés en 4; dé-corez le bord avec des filets de carottes cuites, de cornichons, des filets d'an-chois, des câpres. Faites une forte mayon-naise, page 15, que vous versez sur vos laitues, et servez : il faut, avant de dres-ser la viande et les laitues, les assaison-ner avec huile, vinaigre, poivre et sel.

POULET.

Poulet rôti (Rôt.)

Videz, flambez, ficelez votre poulet, et mettez-le entre des bardes de lard; ayez soin d'attacher les pates sur la bro-che pour le faire tenir; arrosez de son jus; quand il est cuit à point (demi-heure), servez avec cresson autour, as-saisonné de vinaigre et sel.

Fricassée de poulet. (Entrée.)

Quand votre poulet est épluché, flambé et vidé, coupez-le par morceaux que vous faites tremper pendant une ou 2 heures dans l'eau froide pour faire blanchir la chair; égouttez-les. Mettez dans une cas-serole un morceau de beurre et une cuil-lerée de farine; remuez jusqu'à ce que le beurre soit fondu, mouillez avec un verre

d'eau, ajoutez sel, poivre, muscade râpée, bouquet de persil et ciboule ; mettez le poulet, faites cuire trois quarts-
d'heure ; liez de 3 jaunes-d'œuf, et ajoutez
du jus de citron ou vinaigre. Aux 2 tiers de
la cuisson on met des champignons ; on
ajoute, si l'on veut, des petits ognons et
des culs d'artichauts en même temps que
l'on met le poulet. Des écrevisses font
très bien sur une fricassée de poulet,
ainsi que des croûtons frits. Pour entre-
tenir blanche la chair du poulet, il faut
la couvrir, pendant la cuisson, d'un rond
de papier beurré placé sur la fricassée,
dans l'intérieur de la casserole.

Les restes d'une fricassée de poulet
peuvent se servir frits après les avoir
panés à 2 fois.

Poulet à la tartare. (Entrée.)

Prenez un poulet gras ; ôtez-en le cou
et les pates, fendez-le du côté de l'estomac, ouvrez - le, aplatissez-le avec le
couperet, mettez du beurre dans 'la casserole avec persil, ciboule hachés, sel
et poivre ; faites-y revenir et cuire ensuite votre poulet ; un quart - d'heure
avant de servir, panez-le, mettez-le sur
le gril à feu doux, retournez-le pour qu'il

prenne une belle couleur, et servez sur une sauce à la tartare, page 13.

Poulet à la paysanne. (Entrée.)

Dépecez comme une fricassée ; mettez dans une casserole gros comme un œuf de beurre, 2 cuillerées d'huile d'olive ; passez sur un feu vif, mettez-y revenir vos membres pour prendre belle couleur. Quand ils sont cuits à moitié, joignez une carotte coupée en liards, 2 ognons coupés en anneaux, et du persil en branches ; mouillez de jus ou bouillon ; faites mijoter un quart-d'heure et servez.

POULARDE ET CHAPON.

On sert les chapons et les poulardes comme les poulets gras.

Chapon au gros sel. (Entrée)

Vous le couvrez de bardes de lard pour le tenir blanc ; ficelez-le , et mettez - le dans le pot-au-feu ; quand il est cuit, servez avec un peu de bouillon et gros sel par-dessus.

COQ ET POULE.

Ils sont excellens pour faire de bon bouillon et de la gelée pour les malades. On s'en sert aussi pour faire de bon consommé.

5

Poule aux ognons. (Entrée.)

Faites cuire au pot; passez à la casserole, et faites prendre une belle couleur
avec du lard coupé par morceaux; retirez-la; faites un roux, mouillez de bouillon; remettez cuire votre poule à petit
feu une heure et demie avec un bouquet
garni, peu de sel, poivre et 12 petits
ognons.

Poule au riz. (Entrée.)

Faites-la cuire au pot, et couvrez-la de
riz cuit épais, et assaisonnez. Dorez le
dessus du riz avec un jaune d'œuf.

Poule en fricassée de poulet. (Entrée.)

C'est le moyen d'utiliser une poule que
vous avez fait cuire au pot. Il faut la faire
mariner dans une forte marinade.

Poule en daube. (Entrée.)

Une poule bien engraissée est très
bonne cuite en daube.

DINDON.

Il faut préférer pour la table celui qui
est jeune, tendre et gras, dont la peau
est blanche et les pates noires. On pré-
fère, pour la délicatesse, la femelle au
mâle.

Dindon à la broche et farci. (Rôt.)

On le barde, et il faut une heure et demie pour le faire rôtir parfaitement. On peut le farcir d'un hachis de toutes sortes de viandes mêlées de chair à saucisse, et, si on veut, de marrons. On le sert rôti sur du cresson assaisonné de sel et de vinaigre.

Dinde en daube. (Entrée.)

On choisit de préférence une vieille dinde; lardez de gros lardons assaisonnés de sel, poivre, persil, ciboules, thym hachés; vous la farcissez si vous voulez comme la dinde à la broche; couvrez et ficelez; mettez-la dans une daubière, avec tranches de lard, et une moitié de pied de veau, sel, poivre, ognons, carottes, bouquet garni, clous de girofle, thym, laurier, une gousse d'ail; mouillez de 3 verres de bouillon et de 2 cuillerées d'eau-de-vie, couvrez la marmite de son couvercle en entourant le bord d'un torchon humide; faites cuire à petit feu, et ayez soin de la retourner au milieu de la cuisson : quand elle est cuite, retirez du feu, dégraissez la sauce et la passez au tamis; dressez votre dinde dans le plat, et servez la garniture autour. Il faut bien

5 heures pour la cuisson. L'usage le plus agréable d'une dinde en daube est de la servir froide avec sa gelée.

Abatis de dindon en fricassée de poulet.
(Entrée)

Vous l'accommodez comme la fricassée de poulet, page 59.

Abattis de dindon en haricot. (Entrée.)

Coupez par morceaux, faites revenir; saupoudrez de farine et mouillez avec du bouillon ou de l'eau, poivre, sel, bouquet garni; faites cuire; ajoutez des navets auxquels vous avez fait prendre couleur dans le beurre; dégraissez. Vous pouvez ajouter des pommes-de-terre.

Du dindonneau.

Le dindonneau se sert à la broche et bardé pour un plat de rôt, principalement quand il est gras et dans la nouveauté; il faut une heure pour la cuisson.

Ce que l'on a desservi de table sert à faire différentes entrées; on le met en blanquette; les cuisses se mettent sur le gril et se servent avec une sauce Robert.

POISSON DE MER.

Manière de faire cuire au bleu ou court-bouillon toutes sortes de poissons.

On le lave bien; on le met ensuite sans l'écailler dans un plat profond; et on l'arrose de vinaigre rouge bouillant; on recouvre aussitôt hermétiquement le plat; quelques secondes après on le découvre et on le met dans un chaudron plein d'eau bouillante; assaisonnez de sel, de feuilles de laurier et d'ognons. Dès que le poisson est cuit, on ôte le vase du feu; on y verse un verre d'eau froide, et on l'y laisse jusqu'à l'instant où il faut le servir. Servez sur une serviette ployée, pour qu'il conserve plus long-temps sa chaleur Ceci est un *bleu* ou *court-bouillon bleu;* dans le *court-bouillon* simple, on emploie du vinaigre blanc.

SAUMON.

Saumon, sauce aux câpres. (Entrée.)

Prenez plusieurs tranches de saumon frais que vous faites mariner avec de l'huile, persil, ciboules, échalottes, le tout haché, sel et poivre; enveloppez-les dans du papier avec toute leur marinade; faites cuire sur le gril; ôtez le papier, et dressez sur le plat ; servez sur une sauce blanche aux câpres.

Saumon à la maître-d'hôtel. (Entrée.)

On le prépare à la maître-d'hôtel comme le maquereau.

On le sert aussi à l'huile et au vinaigre.

TURBOT ET BARBUE.

Turbot et barbue au bleu. (Entrée et rôt).

Videz et parez-le. Pour éviter qu'il ne se fende en cuisant, faites une incision sur le dos, coupez environ 2 pouces de gros joint qui se trouve dans le milieu. Faites-le cuire comme il est dit page 65, mais sur la cendre chaude sans bouillir ; égouttez et dressez sur une sauce aux câpres, ou une sauce à l'huile dans une saucière.

Turbot et barbue au gratin. (Entrée.)

On les fait comme les merlans et limandes ci-après.

RAIE.

Raie à la sauce blanche. (Entrée.)

Après l'avoir vidée et lavée, faites-la cuire à l'eau bouillante avec du vinaigre, bouquet de persil, poivre et sel ; ne lui faites faire que 2 bouillons, pour qu'elle ne cuise pas trop ; retirez-la ensuite sur un plat pour l'éplucher, coupez les bords pour la propreté. Au moment de servir, égouttez-la et versez dessus une sauce aux câpres, page 11.

Raie au beurre blanc.

Il faut, pour cette manière d'accommoder, avoir de la raie d'une grande fraîcheur; faites fondre dans le plat que vous devez servir un morceau de beurre très frais, avec sel, poivre, un filet de verjus; mettez dessus votre raie, cuite comme la précédente, et servez chaud.

Raie au beurre noir. (Entrée.)

Faites-la cuire comme la précédente; mettez-la sur le plat que vous devez servir; assaisonnez de sel et poivre; faites fondre dans la poêle un morceau de beurre jusqu'à ce qu'il soit très chaud; faites-y frire du persil, et versez le tout sur la raie; faites ensuite chauffer dans votre poêle une cuillerée de vinaigre que vous versez aussi sur le plat; servez chaud.

Raie à la maître-d'hôtel. (Entrée.)

Elles se fait cuire comme les précédentes, et se sert sur une sauce à la maître-d'hôtel.

MORUE.

Morue salée au blanc. (Entrée.)

Pour connaître la bonne morue, il faut choisir la chair blanche, une peau noire, de grands feuillets ; faites-la dessaler dans l'eau 3 jours s'il le faut ; il faut la laver après l'avoir écaillée, faites-la cuire un moment dans l'eau ; quand elle sera prête à bouillir, écumez-la et l'ôtez du feu aussitôt qu'elle bout ; couvrez-la et la laissez ainsi pendant un quart-d'heure ; retirez-la de l'eau ; mettez-la égoutter ; mettez dans une casserole un morceau de beurre, un peu de farine, muscade et poivre ; délayez avec un peu de lait ; mettez-y après la morue pour lui faire prendre du goût, et servez.

Morue à la béchamel. (Entrée.)

Après l'avoir fait cuire comme la précédente, vous la mettez 5 minutes dans une *béchamel. Voyez* page 11.

Morue à la maître-d'hôtel. (Entrée.)

Quand vous l'avez fait cuire comme ci-dessus, vous la mettez sur un plat avec du persil, ciboule hachés, gros poivre, muscade râpée, un bon morceau de beurre, une cuillerée de verjus ou vinaigre ; faites chauffer en la retournant, et la servez tout de suite.

Morue aux pommes-de-terre. (Entrée.)

Vous la préparez comme la précédente, vous y ajoutez des petites pommes-de-terre cuites à l'eau salée, coupées par morceaux, et vous en supprimez, les câpres et les anchois.

La *morue* se mange aussi à *l'huile et au vinaigre.*

Cabillaud ou morue fraîche à la vraie hollandaise. (Entrée.)

Mettez sur le feu à l'eau froide un morceau de cabillaud, avec les tranches d'un citron sans pepin, sel, tranches d'ognon, thym, laurier, un morceau de beurre; quand il sera cuit, faites cuire dans la même eau 12 à 15 pommes-de-terre; dressez sur le plat les pommes autour, et masquez d'une sauce hollandaise faite d'un quarteron de beurre mêlé d'une demi-cuillerée de farine, sel, poivre, muscade, 3 jaunes d'œufs; mouillez d'un peu d'eau tiède, tournez sans laisser bouillir, ajoutez une cuillerée de vinaigre et servez.

MAQUEREAU.

Maquereau frais à la maître-d'hôtel. (Entrée.)

Videz et essuyez proprement votre maquereau, fendez-le par le dos, faites-le mariner une demi-heure au moins, et même quelques heures si vous en avez le temps, dans un peu d'huile assaisonnée de poivre et sel ; faites griller, et arrosez avec la marinade ; dressez-le sur le plat, garnisssez le dedans de beurre frais manié de persil, sel, poivre ; faites chauffer le plat légèrement, et servez avec un file t de vinaigre.

On peut, pour éviter que les maquereaux ne crèvent en grillant, les envelopper d'un bon papier huilé avec la marinade.

Maquereau frais au beurre noir. (Entrée.)

On le fait griller comme le précédent ; on le dresse sur le plat, et on fait comme pour la raie.

Maquereau à l'huile. (Entremets.)

Cuits sur le gril, on les mange froids à l'huile et au vinaigre.

Maquereau salé. (Entremets.)

On les sert absolument comme les harengs salés, page 72.

HARENG.

Harengs frais à la sauce blanche.
(Entrée.)

Videz, écaillez et nettoyez vos harengs, mettez-les sur un gril que vous aurez fait chauffer d'avance, pour éviter qu'ils ne s'y attachent : quand ils sont bien cuits, vous les servez avec une sauce blanche, à laquelle vous pouvez ajouter des câpres.

Harengs frais à la maître-d'hôtel.
(Entrée.)

Nettoyez et faites-les griller comme les précédens, fendez-leur le dos, dressez-les sur le plat, et garnissez le dedans du corps avec du beurre manié de persil, sel fin, poivre; faites chauffer le plat un peu pour servir chaud, et ajoutez jus de citron ou filet de vinaigre.

Harengs frais à la moutarde. (Entrée.)

Faites-les griller comme il est indiqué pour ceux à la sauce blanche, servez-les très chauds sur le plat, et la sauce suivante dans une saucière : mettez ensemble dans une casserole un morceau de beurre, une cuillerée de bouillon, une pincée de farine, du sel, une cuillerée de moutarde; faites lier sur le feu.

Harengs frais frits. (Entremets.)

Il faut les vider, écailler, nettoyer, les fariner, les mettre dans une friture bien chaude, et servir saupoudrés de sel fin, et garnis de persil frit.

Harengs salés. (Entremets.)

On les fait dessaler 24 heures, et on les mange en salade avec beaucoup de fourniture, après les avoir fait cuire dans de l'eau, et en avoir ôté les écailles, la tête, la queue et les arêtes. Cuits de la même manière, on les sert sur de la purée.

Harengs saurs. (Entremets.)

On les mange ordinairement grillés et assaisonnés d'huile seulement, ou en salade avec de la fourniture.

LIMANDES, SOLES, CARRELETS ET PLIES

Ils s'accommodent tous de la même façon : on les vide et on les lave bien, on les farine et on les fait frire à feu clair dans une friture bien chaude, sans quoi le poisson serait mollasse : on le retire de la friture quand il est bien cuit, et on sert après avoir saupoudré de sel. *(Entremets.)* Il faut enlever la peau du dos de la sole avant de la faire frire.

Soles, limandes, carrelets et plies au gratin. (Entrées.)

Quand on les a bien nettoyés, lavés et essuyés, on met du bon beurre manié de farine dans le plat qu'on doit servir, avec persil, ciboules, champignons, le tout haché avec sel et poivre, et on arrange son poisson dessus : on fait le même assaisonnement par dessus le poisson qu'on a fait en dessous, on ajoute un demi-verre de vin blanc, on couvre bien son plat, et on fait cuire sur un fourneau ; quand il est cuit, on sert à courte sauce : on peut mettre de la chapelure, et faire cuire sous un four de campagne.

Ces poissons se servent encore à la maître-d'hôtel, à la tartare, aux tomates.

MERLAN.

Merlans frits. (Entremets.)

Videz-les, laissez-leur les foies, incisez-les légèrement en 5 ou 6 endroits de chaque côté, trempez-les dans la farine, et faites frire à feu vif; servez sur une serviette.

Merlans au gratin. (Entrée.)

On peut encore les servir au gratin, comme il est expliqué aux *Soles, Limandes*, etc.

Les merlans se servent aussi à le *maître-d'hôtel*, à la *sauce aux câpres*, à la *tartare*, aux *tomates*.

ROUGETS.

Rouget à l'huile. (Entremets.)

Faites un court bouillon avec de l'eau, du vinaigre, ognons, racines, un bouquet de persil, ciboules, un peu de beurre; faites-le cuire une demi-heure, mettez dedans les rougets ; il ne faut qu'un moment pour la cuisson, retirez-les pour lever doucement l'écaille sans toucher à la tête, et servez-les pour manger à l'huile et au vinaigre.

ALOSE.

Alose au bleu. (Rôt.)

Faites cuire une alose au bleu, page 65 sans l'écailler, après l'avoir vidée, bien lavée, et servez-la de cette façon à l'huile et au vinaigre.

Alose à l'oseille. (Entrée.)

Vous la faites mariner avec huile, sel, poivre, persil, ciboules, thym, laurier, le tout entier; faites griller, arrosez en cuisant avec le restant de la marinade, et servez sur une farce d'oseille.

SARDINES. (Hors-d'œuvre.)

Fraiches, on les écaille, on les lave et on les fait cuire sur le gril; faites une sauce avec beurre, un peu de farine, filet de vinaigre, un peu de moutarde, sel, poivre, un peu d'eau; faites lier la sauce sur le feu, et servez sur vos sardines. Salées, on les passe dans la casserole avec du beurre frais, et on les sert de suite.

MOULES.

On doit avoir soin qu'elles ne contiennent pas des crabes, qui sont très-malfaisans.

Moules à la poulette. (Entrée.)

Après les avoir bien lavées, ratissez leurs coquilles; égoutez-les, mettez-les à sec dans une casserole sur un bon feu pour les faire ouvrir, ôtez une coquille à chacune, et dressez-les à mesure dans un plat; faites une sauce à part avec un morceau de beurre, une pincée de farine; liez de jaunes d'œufs, ajoutez un filet de vinaigre, et versez sur vos moules; faites chauffer un moment pour chauffer le plat, et servez.

Moules aux fines herbes.

Après les avoir préparées comme les

précédentes, vous mettez dans une casserole un morceau de beurre et les moules, une bonne pincée de fines herbes, poivre, sel ; sautez les et les faites cuire un demi-quart d'heure.

POISSON D'EAU DOUCE.

Matelote.

Prenez une carpe moyenne, une anguille, nettoyez-les, coupez-les par tronçons. Prenez 12 petits ognons, et ôtez la première peau. Faites- leur prendre une belle couleur blonde dans du beurre, retirez-les, mettez dans le beurre un demi-quarteron de petit lard en morceaux, faites-les roussir un peu, ôtez-les, mettez votre poisson en place et faites-le revenir aussi en le sautant, retirez - le. Mettez dans le beurre 2 cuillerées de farine, tournez et mouillez avec 2 verres de bouillon chaud; remettez le lard et le poisson avec assez de poivre, un bouquet garni, 2 gousses d'ail, un clou de girofle, demi-bouteille de vin rouge. Quand la matelote commence à bouillir, ajoutez les petits ognons et 8 champignons coupés en 4. Faites cuire demi - heure à grand feu, tâchez que le beurre ne surnage pas (ce qu'on évite en remuant de temps en temps), et que la sauce ne soit pas trop longue. Ôtez le bouquet; dressez sur le plat en pyramide, arrangez les ognons et les champignons autour, versez la sauce dessus.

Carpe frite. (Rôt.)

Prenez une carpe que vous écaillez; fendez-la en 2 morceaux par le ventre, videz-la, ôtez-en la laite ou les œufs; passez-la dans la farine; mettez-la dans une friture très chaude; quand votre carpe est à moitié cuite, ajoutez dans la friture la laite ou les œufs qu'il faut aussi fariner; faites cuire, et servez garnie de persil frit.

Carpe grillée. (Entrée.)

On peut encore servir la carpe cuite sur le gril; après l'avoir vidée et écaillée, avec une farce d'oseille dessous, ou avec une sauce blanche aux câpres,

Carpe à l'étuvée. (Entrée.)

Ayez du petit lard coupé en dés, que vous faites revenir dans la casserole avec un petit morceau de beurre; retirez ce lard, et passez dans la graisse qui reste des ognons fort petits; lorsqu'ils sont d'un beau blond, vous les retirez aussi; mettez dans la casserole une cuillerée de farine dont vous faites un roux ; mouïllez d'un verre d'eau et une chopine de vin ; ajoutez un bouquet garni, du poivre, peu de sel ; quand cette sauce commence à bouillir, vous y jetez votre lard, les ognons, des champignons ou des culs d'artichauts ; faites bouillir 10 minutes à grand feu ; jetez-y votre carpe, que vous avez écaillée, vidée et coupée par tronçons. Ce mélange, qui forme l'étuvée, doit bouillir encore 10 minutes, et le tout doit être cuit. Pour la servir, vous la dressez sur un plat que vous avez foncé de tranches de pain rôties.

Carpe à la provençale. (Entrée.)

Mettez dans une casserole une carpe coupée par tronçons, avec de l'huile, une chopine de vin, un petit morceau de beurre manié de farine, sel, poivre, persil, ciboules, échalotes, champignons, le tout haché ; faites cuire et réduire à courte sauce ; servez.

PERCHE.

Perche au bleu. (Rôt.)

Otez les ouïes et videz : faites-la cuire dans un court-bouillon, comme il est indiqué page 65. Quand elle est cuite, épluchez-la de ses écailles, dressez-la sur le plat que vous devez servir, et une sauce à l'huile dans une saucière.

BROCHET.

Brochet au bleu ou court-bouillon. (Rôt.)

Vous ne l'écaillez point, mais vous en ôtez les ouïes avec un torchon pour ne pas vous piquer ; vous le videz avec soin, et le faites cuire dans un court-bouillon, comme il est dit page 65 ; vous le servez pour le manger à l'huile et au vinaigre.

Brochet frit. (Rôt.)

On le fait frire comme tout autre poisson, en le saupoudrant de farine.

Brochet à la maître-d'hôtel. (Entrée.)

Il se prépare comme le maquereau, page 70.

Brochet aux câpres. (Entrée.)

Cuit au bleu, comme il est dit page 65, servez-le avec une sauce blanche aux câpres.

BARBEAU ET BARBILLON.

Il faut se défier de ses œufs, parce qu'ils causent souvent de grands maux d'estomac, et purgent violemment par haut et par bas ; ainsi, il faut avoir soin de les ôter avec les entrailles. Le barbeau se préparc comme la carpe, page 77. On le sert aussi au bleu pour manger à l'huile, quand il est d'une bonne grosseur.

ANGUILLE.

Anguille à la tartare. (Entrée.)

Dépouillez votre anguille ; pour cela vous l'attachez avec une ficelle par le cou à un clou, et vous faites couler la peau en la tirant de la tête à la queue, et en-suite coupez la tête ; après avoir vidé, épluché et lavé l'anguille, coupez-la par tronçons ; mettez dans une casserole un morceau de beurre, carottes coupées en tranches ; ognons, persil, laurier, thym ; une pincée de farine ; mouillez avec vin blanc, sel, poivre ; laissez cuire une de-mi-heure ; et, quand la cuisson sera faite, passez votre sauce au tamis dessus vos tronçons d'anguille, et faites-les cuire dans cette sauce ; quand ils seront froids, panez de mie de pain et trempez-les dans des œufs battus et assaisonnés, repanez et faites cuire vos tronçons sur le gril à un feu doux, et couvrez de votre four de campagne très-chaud ; dressez et servez dessous une sauce à la tartare, page 13. Quand elle n'est pas très grosse, on ne la coupe pas, et on la sert en couronne sur le plat en attachant les 2 bouts ensemble.

Anguille en matelote. (Entrée.)

Voyez l'article matelotte, page 76 ; vous pouvez n'y employer que de l'anguille.

Anguille à la poulette. (Entrée.)

Après avoir dépouillé et coupé votre anguille par tronçons, faites bouillir 5 minutes dans l'eau avec 2 cuillerées de vinaigre (ne mettez l'anguille que quand l'eau bout) ; faites égoutter ; faites fondre un morceau de beurre manié d'une cuillerée de farine, et sans roussir ; mouillez d'un verre d'eau bouillante et autant de vin blanc ; ajoutez sel, poivre, un bouquet garni, des champignons, un filet de vinaigre ; mettez l'anguille cuire une demi-heure, liez de jaunes d'œufs, et servez.

ÉCREVISSES.

On les fait cuire dans un court-bouillon, comme il est dit page 65 ; faites-les refroidir, dressez-les en rocher sur un plat garni de persil vert en branches. (*Entremets.*)

GRENOUILLES.

Cuisses de grenouilles frites. (Entremets.)

Vous les mettez mariner crues pendant une heure avec vinaigre, persil, ciboules entières, une feuille de laurier, thym; ensuite vous les mettez égoutter et les farinez pour les faire frire; servez garni de persil frit.

Cuisses de grenouilles en fricassée de poulet. (Entrée.)

Vous les mettez dans de l'eau bouillante, et leur faites faire un petit bouillon; retirez-les à l'eau fraîche et égouttez; mettez-les dans une casserole avec des champignons, un bouquet de persil, ciboules, une gousse d'ail, un morceau de beurre; passez-les sur le feu 2 ou 3 tours et mettez-y une bonne pincée de farine; mouillez avec un verre de vin blanc, un peu de bouillon, sel, poivre; faites cuire un quart-d'heure et réduire à courte sauce; mettez-y une liaison de jaunes d'œufs, une petite pincée de persil haché très fin; faites lier sans bouillir.

ESCARGOTS.

Escargots en fricassée de poulet. (Entrée.)

Pour les faire sortir de leurs coquilles et les bien nettoyer, vous mettez une bonne poignée de cendres dans un chaudron avec de l'eau; quand elle commence à bouillir, mettez dedans les escargots et les y laissez vingt minutes au plus ; quand ils se tirent aisément de leurs coquilles, nettoyez-les et remettez-les encore dans une nouvelle eau fraîche dans laquelle vous les laissez bouillir un instant ; égouttez-les et mettez-les cuire dans une casserole avec un morceau de beurre, un bouquet de persil, ciboules, thym, laurier et des champignons ; ajoutez une pincée de farine ; mouillez avec du bouillon, un verre de vin blanc, sel, poivre ; laissez cuire jusqu'à ce que les escargots soient moelleux, et qu'il reste peu de sauce ; en servant mettez-y une liaison de jaunes d'œufs ; faites lier sans bouillir ; ajoutez-y un peu de verjus ou du vinaigre blanc avec un peu de muscade.

LEGUMES.

POIS VERTS.

Petits pois. (Entremets.)

Prenez 2 litres de pois, mettez-les dans la casserole avec un quarteron de beurre très frais, un bouquet ; et, si on veut, un cœur de laitue ou de romaine coupé en morceau, 3 ou 4 petits ognons, peu de sel et de sucre ; remuez, faites bouillir à petit feu une demi-heure ; retirez le bouquet, ajoutez un morceau de beurre manié de farine et servez. On peut lier l'ognon, la laitue ou la romaine avec le bouquet.

Purée de pois verts. (Entremets.)

Prenez 2 litres de pois verts et un quarteron de beurre; mettez-les dans l'eau bouillante et faites-les cuire avec persil, ciboule et sel; passez votre purée.

Purée de pois secs. (Entremets.)

Prenez 2 litres de pois; laissez-les tremper dans de l'eau tiède pendant 12 heures; mettez-les dans une marmite avec une livre de lard, 2 carottes, 2 ognons, clous de girofle, bouquet de persil, ciboules, thym et laurier; quand vos pois seront cuits, passez-les en les mouillant un peu avec le bouillon dans lequel ils auront cuit; mettez votre purée dans une casserole en la mouillant du même bouillon, et faites-la cuire; qu'elle soit de bon goût et d'un bon sel pour la servir.

FÈVES.

Il faut les employer nouvelles et petites, et les faire bien cuire. Quand on les mange en robe, il faut les faire bouillir un quart-d'heure dans l'eau pour leur ôter leur âcreté.

Fèves à la bourgeoise. (Entremets.)

Mettez-les dans une casserole avec beurre, un bouquet de persil, ciboule et un peu de sariette, passez sur le feu et mettez une pincée de farine, un peu de sucre, et mouillez avec du bouillon ; quand la cuisson est faite, mettez une liaison de jaunes d'œufs délayés avec un peu de lait, et servez.

Fèves à la maître-d'hôtel. (Entremets.)

Comme les haricots verts.

Purée de fèves. (Entremets.)

Prenez de grosses fèves, dérobez-les, faites bouillir de l'eau dans une casserole, ajoutez un peu de sel ; jettez vos fèves dans l'eau un quart-d'heure ; égouttez et mettez dans de l'eau froide pour qu'elles soient vertes ; égouttez une seconde fois, mettez un morceau de beurre dans une casserole avec sel, poivre, une cuillerée de farine, ajoutez vos fèves, et mouillez de bouillon ou d'eau ; mettez un bouquet de persil et ciboules, finissez de cuire, et passez en purée ; ajoutez un morceau de beurre et servez.

HARICOTS.

Haricots verts au maigre. (Entremets.)

Après les avoir épluchés et lavés, vous les jetez dans l'eau bouillante avec du sel ; quand ils sont cuits, vous les mettez à l'eau froide si vous voulez leur conserver la verdure ; retirez-les, faites-les égoutter : mettez dans une casserole du beurre frais, une pincée de farine, du persil et de la ciboule hachés très fin, du sel, muscade, un verre de lait ou de l'eau dans laquelle ils ont cuit, faites bouillir 10 minutes, et servez avec une liaison de jaunes d'œufs. Si vous n'avez pas mis de lait, vous pouvez ajouter un filet de vinaigre.

Haricots verts au gras. (Entremets.)

Vous les ferez cuire comme les précédens. Faites frire dans une casserole du persil et un ognon hachés fin, avec de bonne graisse ; mettez vos haricots, faites revenir dix minutes, mouillez de jus et bouillon, faites bouillir un quart-d'heure à petit feu ; servez à courte sauce avec une liaison de jaunes d'œufs.

Haricots verts à la maître-d'hôtel.
(Entremets.)

Faites cuire comme les premiers. Quand

ils sont près d'être retirés de l'eau, vous mettez dans la casserole du beurre frais manié de persil haché fin, faites fondre, retirez vos haricots; faites-les égoutter promptement, afin qu'ils ne refroidissent pas, mettez-les dans la casserole, sautez-les, et servez sur un plat chaud avec filet de vinaigre.

Haricots verts en salade. (Entremets.)

Il faut les faire cuire à l'eau comme les précédens, les égoutter, faire refroidir, et égoutter encore.

HARICOTS BLANCS.

Les *haricots blancs nouveaux* doivent être cuits à l'eau bouillante, c'est-à-dire que l'on doit les jeter dans l'eau au moment où elle donne ses premiers bouillons; on y ajoute du sel, on fait bouillir à grand feu, on les retire quand ils sont suffisamment cuits, et on les met égoutter dans une passoire pour les accommoder de telle façon que l'on jugera à propos.

Les *haricots blancs secs* se cuisent de la même façon, à cette différence près que l'on doit les mettre à l'eau froide, et qu'ils sont beaucoup plus de temps à cuire (1).

(1) Cette observation s'applique également aux pois, lentilles et fèves, lorsqu'ils sont secs.

Haricots blancs à la maître-d'hôtel.
(Entremets.)

Faites cuire comme il est indiqué ci-dessus, et égoutter promptement, afin qu'ils n'aient pas le temps de refroidir; mettez-les dans la casserole avec du beurre très frais manié de persil et ciboules hachés, sel, poivre, filet de verjus; sautez-les et servez sur un plat chaud.

Haricots blancs au gras. (Entremets.)

Mettez dans une casserole de la graisse, un ognon haché, faites frire jusqu'à ce que l'ognon soit roux, ajoutez du persil haché, laissez frire encore un peu; jetez-y vos haricots cuits comme il est dit ci-dessus, et mettez-y sel, poivre, filet de vinaigre; mouillez s'il est nécessaire avec bouillon de haricots, laissez cuire une demi-heure et servez.

Purée de haricots. (Entremets.)

Elle se fait comme celle des pois secs.

Haricots blancs en salade. (Entremets.)

Ils se préparent comme les haricots verts.

Haricots rouges à l'étuvée. (Entremets.)

Faites les cuire dans l'eau avec du lard et des petits ognons; s'ils sont nouveaux, vous les mettez à l'eau bouillante, et s'ils sont secs, à l'eau froide : quand ils sont cuits, vous mettez dans la casserole un morceau de beurre, une pincée de farine, fines herbes ; faites-y sauter vos haricots, ajoutez un verre de vin, faites bouillir une demi-heure, et servez avec le lard et les petits ognons.

Il faut moins d'eau pour cuire ces haricots que pour les blancs-et les verts.

On fait de très bonne soupe avec l'eau dans laquelle les haricots ont cuit, comme soupe aux herbes, à l'ognon, etc.

LENTILLES. (Entremets.)

Nous ne donnerons rien sur leur préparation, puisque les diverses manières de les assaisonner sont les mêmes qu'aux haricots blancs et rouges.

CHOUX.

Ragoût de choux.

Faites bouillir dans l'eau, pendant une demi heure, la moitié d'un chou, retirez-le à l'eau fraîche, pressez-le bien, ôtez le trognon, hachez un peu le chou, et le mettez dans une casserole avec un morceau de bon beurre, passez-le sur le feu, mettez-y une bonne pincée de farine, mouillez de bouillon, faites bouillir à petit feu jusqu'à ce que le chou soit cuit et réduit à courte sauce ; assaisonnez de sel, poivre, un peu de muscade. Vous pouvez servir sous des saucisses, côtelettes, etc.

Choux à la crème. (Entrée.)

Après les avoir lavés, vous les ferez cuire à l'eau bouillante avec une poignée de sel ; quand ils fléchiront sous les doigts, vous les retirerez et les presserez : mettez-les dans une casserole avec du beurre, sel, poivre, muscade, une cuillerée de farine, mouillez avec de la crème.

CHOUCROUTE.

Prenez des choux pommés, coupez les feuilles par filets très menus, placez ces feuilles par lits dans un tonneau, alternativement un lit de choux de 2 doigts d'épaisseur et un lit de sel, et de 2 en 2 lits semez du genièvre au lieu de sel ; au lit qui suit double portion de sel : environ 5 liv. de sel pour 50 choux moyens : ajoutez si vous voulez 2 bouteilles de vin blanc.

Couvrez le tout de grandes feuilles de choux, que vous changerez quand elles commenceront à se gâter. Couvrez votre choucroute de planches, et chargez-les

de pierres ou autres poids qui presse for--
ment. Au bout de 15 jours écumez le
dessus de la saumure, et lavez les planches ; alors elle est faite. Prenez à mesure
du besoin, et recouvrez : lavez-la dans
l'eau chaude avant de vous en servir.

Manière de l'accommoder. (Entrée.)

Mettez-la dans une marmite avec 3 ou
4 verres d'eau, selon la quantité de choucroute, une livre de poitrine de porc frais
ou de pieds de cochon, de la graisse et
le genièvre ; faites cuire pendant 3 heures
à grand feu, en remuant tous les quarts-
d'heure, et ajoutant de l'eau chaude pour
qu'elle ne dessèche pas : lorsqu'elle est
cuite mettez-la égoutter. Faites revenir
dans une casserole des saucisses, retirez-
les, mettez votre choucroute dans la
graisse des saucisses, et mettez dessus les
saucisses et le porc frais mijoter une
demi-heure : servez le porc frais dessus
et les saucisses autour.

CHOUX-FLEURS.

Manière de les faire cuire.

Epluchez et lavez-les, jetez-les dans
l'eau bouillante où vous aurez mis une
poignée de sel ; quand ils fléchissent sous

le doigt ils sont cuits, retirez-les de l'eau
et les mettez égoutter.

Choux fleurs à la sauce blanche.
(Entremets.)

Faites-les égoutter sans les laisser refroidir, et dressez-les sur un plat, en y
versant la sauce blanche de manière à ce
qu'elle pénètre partout. Il faut observer
que l'on doit les dresser sur le plat les
uns à côté des autres, la fleur en dessus,
de manière à ce qu'ils semblent ne former qu'un seul gros chou-fleur.

Choux-fleurs à la sauce tomate.
(Entremets.)

Quand ils sont cuits, vous les dressez
sur le plat comme les précédens, et vous
les couvrez d'une sauce tomate, page 15.

Choux-fleurs au jus. (Entremets.)

Faites cuire et les faites revenir un
moment dans une casserole avec de la
graisse et une pincée de farine; ajoutez-
y du jus, sel, poivre et muscade, un peu
de bouillon, et les remuez avec précaution pour les casser le moins possible.

Choux-fleurs en salade. (Entremets.)

On les fait cuire comme les précédens
et on les assaisonne en salade.

ARTICHAUTS.

Manière de les faire cuire.

Coupez la queue et les feuilles de dessous; parez-les en rognant les bouts des feuilles de dessus; faites-les cuire dans l'eau bouillante avec du sel. Quand, en tirant une feuille elle se détache facilement, ils sont cuits; on les retire de l'eau, on les met égoutter, et on en ôte le foin.

Artichauts à la sauce blanche. (Entremets.)

On les sert très chauds et bien égouttés, accompagnés d'une sauce blanche servie dans une saucière.

Artichauts frits. (Entremets.)

Il faut les prendre petits et très tendres, les couper par quartiers, et les faire blanchir à l'eau bouillante salée. Faites une sauce d'un morceau de beurre fondu à la casserole, une cuillerée de farine, mouillée de crème, liez de jaunes d'œufs; trempez-y les artichauts, laissez les refroidir. Au moment de servir, trempez-les dans une pâte à frire faite comme suit :

Pâte à frire pour artichauts et autres.

Il faut la préparer une demi-heure d'avance. Prenez 3 cuillerées de farine, 2 œufs, un peu de sel, d'huile et d'eau-de-vie, gros comme une noix de beurre fondu dans un peu d'eau tiède ; délayez le tout en ajoutant autant d'eau tiède qu'il en faudra pour donner la consistance d'une bouillie. Au lieu d'eau, on peut employer de la bonne bière, mais alors il ne faut ni huile ni eau-de-vie. Au moment de vous en servir, ajoutez un blanc d'œuf battu en neige, que vous mêlez en tournant la terrine.

Trempez vos artichauts dans cette pâte, et faites-les frire de belle couleur dorée dans une friture bien chaude. Servez garni de persil que vous faites frire dans la même friture, et saupoudrez de sel blanc.

Laissez reposer un quart-d'heure votre friture dans la poêle, et tirez-la à clair en la versant dans la terrine, pour éviter qu'elle noircisse.

Artichauts sautés. (Entremets.)

Prenez des artichauts un peu gros ; mais tendres, coupez-les en 4, parez-les, ôtez le foin, jetez-les 10 minutes dans de l'eau bouillante salée ; égouttez ; faites fondre du beurre dans une casserole, placez-y vos artichauts assaisonnés , et faites prendre couleur en les sautant.

Artichauts à la barigoule. (Entremets.)

Il faut les prendre petits et tendres , les couper par quartiers et les jeter dans l'eau mêlée d'un peu de vinaigre , afin qu'ils ne noircissent pas. Faites fondre dans une casserole et bien chauffer un morceau de beurre ; mettez-y vos morceaux d'artichauts après les avoir fait blanchir ; faites-les revenir en les retournant pour qu'ils prennent une belle couleur ; ajoutez-y persil et ciboules hachés , sel, poivre , une bonne pincée de chapelure ; mouillez d'une cuillerée à pot de bouillon ; faites du feu sur le couvercle de la casserole, laissez cuire et réduire la sauce jusqu'à ce qu'elle soit très courte ; servez-les sur le plat en pyramide.

CHICORÉE BLANCHE. (Entremets.)

Elle se mange en salade et sert à faire des ragoûts : après l'avoir épluchée et lavée , faites-la bouillir une demi-heure dans de l'eau avec du sel. Retirez-la à l'eau fraîche pour la bien presser et la hacher, mettez-la ensuite cuire avec un peu de beurre, du bouillon et du jus, ou bien faites un roux pour lier la sauce; quand elle est cuite, assaisonnez de bon goût et dégraissez; servez dessus du mouton rôti, soit épaule, carré ou gigot.

LAITUE.

Laitue en maigre. (Entremets.)

Après l'avoir lavée, liez-la et la faites cuire à l'eau bouillante avec du sel; lorsqu'elle est cuite, pressez-la pour l'égoutter, laissez-la entière. Mettez dans une casserole du beurre frais, une cuilleré de farine; délayez-la dans votre beurre, ajoutez la laitue, de la muscade, du sel, filet de vinaigre, laissez bouillir 10 minutes.

Laitue au jus. (Entremets.)

Quand elle est préparée et cuite comme la précédente, vous la mettez dans la casserole avec une pincée de farine, de la graisse et du jus; faites bouillir 10 minutes; mouillez de bouillon et servez.

ROMAINE. (Entremets.)

On l'accommode et on la sert exactement des mêmes façons que la laitue.

CARDES POIRÉES ET CARDONS D'ESPAGNE.

Cardes au maigre. (Entremets.)

Vous les épluchez, lavez et faites cuire à l'eau bouillante avec du sel et une cuillerée de farine; remuez de temps à autre pour empêcher le dessus de noircir; faites-les égoutter quand elles sont cuites; versez dessus une sauce blanche.

Cardes au jus. (Entremets.)

Faites cuire comme les précédentes. Mettez dans une casserole de la graisse et une cuillerée de farine que vous faites roussir, ajoutez-y doucement une cuillerée à pot de bouillon, un bouquet de persil, sel, poivre, laissez bouillir un quart-d'heure; mettez vos cardes et du jus, et faites bouillir jusqu'à ce que la sauce soit réduite, servez.

OSEILLE.

Purée ou *farce d'oseille.* (Entremets.)

Épluchez de l'oseille, poirée, laitue, belle-dame, cerfeuil, que vous faites cuire en un moment à l'eau bouillante, retirez et mettez à l'eau froide; hachez. Mettez un morceau de beurre dans une casserole et ensuite votre farce avec une pincée de farine, sel et poivre; mouillez avec du lait et faites mijoter une demi-heure ; liez de 2 ou 3 jaunes d'œufs et servez sur votre farce des œufs mollets ou des œufs durs coupés en deux.

En gras, vous employez de la graisse et du jus avec le beurre, et mouillez de bouillon. Vous prenez le jus de la viande que vous devez servir dessus, soit frican-deau, côtelettes, etc.

ÉPINARDS. (Entremets.)

Épluchez et faites cuire vos épinards à l'eau bouillante ; retirez-les dans l'eau fraîche, et les pressez pour en faire sortir l'eau ; hachez-les et mettez-les dans une casserole avec un bon morceau de beurre ; faites bouillir à petit feu un quart-d'heure, et ajoutez après un peu de sel, du sucre, de la muscade, une pincée de farine ; mouillez avec du lait ou de la crème ; faites mijoter encore un quart-d'heure et servez. Pour les faire *au gras*, en place de lait ou de crème mettez du bon bouillon ou du jus ; et, quand ils sont accommodés de cette façon, servez garnis de croûtons frits.

OGNONS.

Ognons à l'étuvée. (Entremets)

Faites un roux de belle couleur avec du beurre et de la farine ; mouillez avec

une chopine de vin rouge et du bouillon; mettez y des ognons cuits un quart-
d'heure à l'eau avec bouquet de persil,
ciboules, clous de girofle, laurier, thym;
faites cuire et servez à courte sauce.

ASPERGES.

Asperges à la sauce blanche. (Entremets.)

Après les avoir ratissées et lavées, liez-
les par petits botillons que vous déferez
pour servir; mettez-les cuire dans l'eau
bouillante avec du sel, retirez-les de l'eau
un peu croquantes, et les servez sur la
table toutes chaudes avec une bonne
sauce blanche, mise à part dans une saucière.

Asperges en petits pois. (Entremets.)

Cassez-les en petits morceaux, faites-
les bouillir dans l'eau; mettez-les ensuite
égoutter, et accommodez comme les petits pois.

CONCOMBRES.

Pelez-les et les fendez en quatre, éplu-
chez-les de leurs graines et les coupez
par morceaux longs comme le petit doigt;
jetez-les dans l'eau bouillante avec du sel,
ils sont bientôt cuits, retirez-les et les

mettez égoutter dans une passoire pour les assaisonner.

Concombres à la maître-d'hôtel.
(Entremets.)

Mettez dans une casserole du beurre manié de persil, ciboules hachés, sel et poivre, faites-y sauter vos concombres, et les servez sur un plat chaud.

Concombres à la poulette. (Entremets.)

Mettez dans une casserole du beurre manié de farine, mouillez de crème ou de bouillon, faites-y sauter vos concombres, et liez la sauce avec 2 jaunes d'œufs hors du feu, filet de vinaigre.

POTIRON, CITROUILLE, GIRAUMON.
(Entremets.)

Epluchez et coupez par morceaux que vous jetez dans l'eau bouillante avec du sel, faites-les cuire assez pour qu'ils puissent passer en purée à la passoire; mettez fondre dans une casserole un morceau de beurre, un verre de crème, ajoutez la purée de potiron, poivre, sel, une pincée de farine; faites mijoter un quart-d'heure, liez de jaunes d'œufs et servez.

NAVETS.

Navets à la moutarde. (Entremets.)

Quand vous avez fait blanchir vos navets et que vous les avez égouttés, vous pouvez les servir à la sauce blanche et à la moutarde, que vous délayez ensemble.

Navets au jus. (Entremets.)

Coupez vos navets par morceaux, faites-les roussir dans du beurre, mouillez avec du bouillon et du jus, faites-les cuire à petit feu, et servez à courte sauce.

CAROTTES. (Entremets.)

Ratissez et lavez vos carottes, mettez-les blanchir à l'eau bouillante, coupez-les en filet, passez-les au feu avec un morceau de beurre, sel, poivre, persil haché, faites-les cuire et mouillez avec du lait; quand la cuisson est faite, liez de jaunes d'œufs et servez.

Si c'est au gras, mettez-les dans une casserole avec des tranches de lard, persil, ciboules, sel, poivre; mouillez avec du bouillon et du jus, faites cuire et réduire à courte sauce; servez le tout ensemble.

SALSIFIS.

Salsifis frits. (Entremets.)

Ratissez-les et jetez-les, à mesure que vous les préparez, dans une casserole où vous aurez mis de l'eau et du vinaigre; retirez-les et faites-les cuire dans beaucoup d'eau, en les y jetant lorsqu'elle bout avec un peu de sel et une cuillerée de farine; quand ils sont cuits, égouttez-les et faites-les mariner dans une terrine avec sel, poivre, vinaigre, un moment avant de vous en servir, ensuite trempez-les dans une pâte comme il est indiqué aux artichauts, faites frire de belle couleur et servez.

Salsifis à la sauce blanche. (Entremets.)

On les fait cuire dans l'eau comme les précédens, et on les sert sous une sauce blanche.

Salsifis au jus. (Entremets.)

On les fait cuire comme les précédens, et on les accommode comme les choux-fleurs au jus.

Salsifis en salade. (Entremets.)

Faites-les cuire comme ci-dessus, et égouttez, coupez-les d'une égale longueur, mettez-les dans un vase creux ; assaisonnez comme une salade.

POMMES-DE-TERRE.

Pommes-de-terre à la maître-d'hôtel. (Entremets.)

Faites cuire vos pommes-de-terre dans l'eau et les pelez, coupez-les par tranches et mettez-les ensuite dans une casserole avec beurre frais, persil et ciboules hachés, sel, poivre, un filet de vinaigre ; faites chauffer et servez : en place de beurre vous pouvez mettre de l'huile ; quand elles sont très petites, on peut se dispenser de les couper par tranches.

Pommes-de-terre à la sauce blanche. (Entremets.)

Faites cuire vos pommes-de-terre dans l'eau, pelez-les le plus chaudes qu'il est possible, coupez-les ensuite par tranches, arrangez-les sur le plat que vous devez servir, et versez dessus une sauce blanche.

Pommes-de-terre au lard. (Entremets.)

Faites frire de petits morceaux de lard, quand ils seront frits, mettez-y une demi-cuillerée de farine que vous faites roussir en remuant toujours, ajoutez du poivre et peu de sel, bouquet de persil, thym et laurier; mouillez avec du bouillon ou de l'eau, laissez bouillir 5 minutes; mettez alors vos pommes-de-terre crues, bien épluchées et lavées, et coupées par morceaux si elles sont grosses; quand elles sont cuites, dégraissez et servez.

Pommes-de-terre à l'étuvée. (Entremets.)

On les fait cuire dans l'eau, on les pèle, on les coupe par tranches, on les met dans une casserole avec du beurre, du poivre, du sel, persil et ciboules hachés, un peu de farine; mouillez ensuite avec du bouillon gras ou maigre, un bon verre de vin, et on sert à courte sauce.

Pommes-de-terre en purée. (Entremets.)

Prenez des pommes-de-terre jaunes, faites-les cuire sous la cendre, pelez-les, et passez-les à travers la passoire; mettez-les dans une casserole avec un demi-quarteron de beurre très frais, poivre, sel; remuez et mouillez avec du lait jusqu'à ce que la purée soit au degré convenable; faites bouillir un instant sans laisser attacher, servez.

Gâteau de pommes-de-terre. (Entremets.)

Faites cuire 12 pommes-de-terre jaunes dans la cendre, épluchez et mettez-les dans une casserole avec un peu de sel, citron en écorce râpé, remuez bien sur le fourneau, et mettez un morceau de beurre frais, ajoutez un peu de crème toujours en remuant, et du sucre ; laissez un peu refroidir, et ajoutez un peu de fleur d'oranger, 8 œufs, 4 entiers et 4 jaunes, battez ensemble, mêlez avec votre purée. Beurrez une tourtière, et enduisez-la de mie de pain, mettez votre composition, et posez votre tourtière sur la cendre rouge, le four de campagne dessus ; laissez cuire 3 quarts-d'heure.

Pommes-de-terre frites. (Entremets.)

Vous coupez vos pommes-de-terre crues par tranches, vous les jetez dans une friture bien chaude ; quand elles sont bien cassantes et de belle couleur, vous les retirez, les saupoudrez de sel fin, et servez chaud.

Pommes-de-terre en salade.

Lorsqu'elles sont cuites et pelées, on les coupe et on les assaisonne.

TOPINAMBOURS.

On les fait cuire à l'eau salée comme

les pommes-de-terre, et on les mange avec une sauce blanche ou à la maître-d'hôtel, ou en salade. Etant cuits et pelés, on les coupe par quartiers et on les fait frire. On les coupe en dés, et on en met dans les ragoûts en place de culs d'artichauts.

CHAMPIGNONS.

Les meilleurs champignons peuvent devenir malfaisans par la qualité des terres ou des substances qui les ont produits, ou parce qu'ils auront été cueillis trop tôt ou trop tard. Il est donc prudent, même en ne faisant usage que des champignons communs cultivés sur couches, car ce sont les seuls auxquels on puisse avoir confiance, de ne point se servir de ceux qui ont été récoltés trop vieux. On les épluche, on coupe les plus gros en plusieurs morceaux, en les jetant à mesure dans de l'eau froide avec un peu de vinaigre, ce qui, d'ailleurs, les empêche de rougir : dans les ragoûts, on ne doit en mêler qu'après les avoir fait bien égoutter. Il est prudent encore de ne point les manger quand ils sont cuits depuis quelques jours.

Champignons en fricassée de poulet.
(Entremets.)

Epluchez et coupez les champignons s'ils sont gros, faites-les blanchir, remettez-les à l'eau froide et les essuyez bien; mettez-les dans une casserole avec un morceau de beurre, faites revenir, ajoutez une pincée de farine, sel et poivre, un bouquet de persil; mouillez avec du bouillon, faites une liaison de jaunes d'œufs avec une demi-cuillerée de vinaigre au moment de servir.

ŒUFS.

OEufs à la coque. (Hors-d'œuvre.)

Quand l'eau bout, mettez-les bouillir 3 minutes; retirez-les, couvrez-les une minute pour les laisser faire leur lait, et servez les dans une serviette.

Œufs sur le plat, dits au miroir.
(Entremets.)

Etendez un peu de beurre sur un plat qui aille au feu, cassez vos œufs dessus avec sel, poivre et 2 cuillerées de lait; faites cuire à petit feu, passez la pelle rouge et servez.

Œufs mollets. (Entrée.)

Faites bouillir de l'eau dans une casserole, dans laquelle vous mettez le nombre d'œufs que vous jugez à propos ; laissez bouillir 5 minutes et retirez-les promptement dans de l'eau fraîche ; ôtez-en doucement les coquilles pour ne pas rompre le blanc. Vous les servez entiers avec une sauce blanche, sauce Robert, piquante, farce d'oseille, etc.

Des œufs frits. (Entremets.)

Quand votre friture est bien chaude, cassez dedans les œufs un à un pour les faire frire ; faites en sorte qu'ils soient bien ronds en les retournant dans la poêle, et ne laissez point durcir le jaune. Vous servirez ces œufs de la façon qu'il est dit pour les *œufs mollets*, même sauce et ragoût.

Œufs brouillés. (Hors-d'œuvre.)

Si vous voulez les faire au naturel, mettez simplement les œufs dans une casserole avec un peu de beurre, et assaisonnez ; faites-les cuire sur un fourneau, en les remuant toujours ; servez-les promptement. En maigre, mettez-y une cuillerée de crème, et les faites de la même façon.

Œufs à la tripe. (Entremets.)

Prenez un peu de beurre, une cuillerée de farine que vous faites roussir sur le feu, et mettez après une poignée d'ognons coupés en petits carrés; faites-les cuire dans ce roux en y mettant encore un peu de beurre, et les mouillez avec du bouillon. Quand l'ognon est cuit, vous y mettez des œufs durs coupés en tranches; faites-leur faire un bouillon, et mettez un filet de vinaigre, sel et poivre, servez à courte sauce.

Œufs au beurre noir. (Entremets.)

Mettez dans une poêle un morceau de beurre que vous faites fondre sur le feu, quand il ne crie plus, vous mettez dans la poêle les œufs que vous avez eu soin de casser dans un plat et d'assaisonner de sel et poivre; faites-les cuire, et passez une pelle rouge par-dessus pour faire cuire le jaune; servez en versant dessus une cuillerée de vinaigre chauffé à la poêle.

OEufs au lait. (Entremets.)

Prenez 6 œufs que vous délayez avec un demi-quarteron de sucre et une chopine de lait; mettez le tout dans le plat creux que vous devez servir, faites cuire

3 quarts-d'heure au bain-marie, saupoudrez de sucre en poudre, passez la pelle rouge dessus, et servez chaud ou froid.

OEufs à la neige. (Entremets.)

Prenez une chopine de lait, 2 cuillerées à bouche d'eau de fleurs, d'oranger, un demi-quarteron de sucre; mettez le tout dans une casserole et faites bouillir; prenez six œufs, séparez les jaunes des blancs, battez les blancs en neige; quand votre lait a bouilli, mettez dedans vos œufs en neige par cuillerées, retournez-les avec une écumoire pour faire cuire de tous les côtés; quand ils sont cuits, retirez-les et dressez-les sur le plat que vous devez servir; faites lier le lait sur le feu avec vos jaunes d'œufs délayés dans une cuillerée de lait, versez sur vos œufs à la neige, laissez refroidir et servez.

Omelette aux fines herbes, etc. (Entremets.)

Prenez des œufs que vous mettez dans une terrine avec sel fin, poivre, persil, ciboules hachés très fin; battez bien les œufs; faites fondre du beurre dans une poêle, mettez dedans les œufs; faites cuire l'omelette; ayez soin qu'elle soit d'une belle couleur en dessous; pliez-la en 2 dans le plat que vous devez servir.

Si vous voulez faire des omelettes plus distinguées, comme omelettes *au lard, aux rognons, au fromage d'Italie, aux pointes d'asperges, aux champignons,* il faut toujours que le tout soit cuit et assaisonné comme si vous vouliez le servir. Vous hachez ces objets pour qu'ils se mêlent bien dans les œufs; battez le tout ensemble, et faites ces omelettes dans une poêle comme les autres.

Omelette au fromage. (Entremets.)

Râpez du fromage de Gruyère que vous battez avec des œufs dans une terrine; assaisonnez de poivre et d'un peu de sel proportionné au degré de salaison du fromage; versez le tout dans la poêle où vous avez fait fondre du beurre; faites cuire et servez chaud.

Omelette à l'ognon. (Entremets.)

Coupez par tranches des ognons que vous faites cuire dans du beurre; lorsqu'ils sont cuits, mouillez-les d'un peu de lait, sel et poivre; mettez vos œufs battus; battez le tout, et faites cuire à la poêle.

Omelette au sucre. (Entremets.)

Battez d'abord séparément les blancs de 6 œufs ; mêlez aux jaunes quelque peu d'écorce de citron coupée très mince ; ajoutez les jaunes aux blancs, et battez bien le tout ensemble, en y joignant un peu de crème et très peu de sel ; mettez alors votre omelette dans la poêle, sucrez-la dans la poêle ; renversez-la sans dessus dessous sur une assiette, et mettez-la dans un plat : alors vous en couvrez la superficie de sucre en poudre, et passez la pelle rouge dessus ; servez chaud.

Omelette aux confitures. (Entremets.)

Prenez six œufs dont vous battez d'abord les blancs séparément ; mêlez aux jaunes un peu d'écorce de citron coupée très mince ; ajoutez ensuite les jaunes aux blancs ; et battez bien le tout ensemble, en y mêlant un peu de crème, 2 cuillerées de confiture telle que marmelade de pommes, d'abricots, gelée de groseille, etc., comme vous le jugerez à propos, et finissez comme il est indiqué pour l'omelette au sucre.

MACARONI.

Macaroni en timbale. (Entremets.)

Prenez une demi-livre de macaroni, et mettez-le dans une casserole avec assez d'eau pour qu'il baigne dedans, sel, poivre, et une once de beurre; faites bouillir jusqu'à ce qu'il n'y ait plus d'eau; râpez une demi-livre de vieux fromage de Gruyère; mettez-le dans le macaroni avec une once de beurre; sautez le tout ensemble jusqu'à ce que le fromage soit bien fondu; prenez une autre casserole, graissez-la de beurre tout autour et dans le fond; garnissez-la ensuite d'une couche de pâte de l'épaisseur de deux lignes environ, mettez dedans votre macaroni, et couvrez-le d'un plateau de pâte de même épaisseur; faites cuire sur un feu très doux; couvrez la casserole d'un couvercle et mettez du feu dessus; laissez cuire pendant une demi-heure au moins; quand la cuisson est faite, renversez sur le plat que vous devez servir votre macaroni, qui se trouve avoir la forme d'un biscuit de Savoie.

ENTREMETS SUCRÉS.

Beignets.

Pelez vos pommes et les coupez en tranches en rond; ôtez-en le cœur; faites mariner dans l'eau-de-vie; trempez-les dans une pâte épaisse comme de la bouillie et faite avec de la farine, une cuillerée d'huile d'olive, peu de sel, 4 jaunes d'œufs, une cuillerée d'eau de fleur d'orange, 2 cuillerées d'eau-de-vie et de l'eau; fouettez 2 blancs d'œufs que vous incorporez à votre pâte en remuant légèrement. Cette pâte doit être faite 2 ou 3 heures avant de s'en servir afin de la rendre plus légère par la fermentation. Mettez vos pommes enduites de pâte dans une bonne friture; retirez-les d'un blond doré, faites égoutter sur un torchon, saupoudrez de sucre et servez très chaud.

Les beignets de *pêches* et d'*abricots* se font de même, mais on les coupe en quartiers.

Pets de nonne.

Mettez dans une casserole uné bouteille d'eau, un morceau de sucre, du zeste de citron; faites bouillir jusqu'à ce qu'elle en ait pris l'odeur. Otez le citron, saupoudrez dans l'eau en grande quantité de la farine, d'une main, tandis que vous tournez avec une cuillère de l'autre main; continuez de saupoudrer jusqu'à ce que la pâte devienne extrêmement épaisse , et tournez jusqu'à ce qu'elle soit cuite, ce qu'on connaît quand, en y goûtant, on ne lui trouve plus le goût de farine; il faut au moins une demi-heure, et plus elle est cuite, plus elle est légère. Elle ne brûlera pas si on a le soin de la tourner continuellement. Tirez - la du feu; cassez-y un œuf et continuez de tourner pour l'incorporer à la pâte; cassez-en un autre de même, et ainsi de suite jusqu'à huit; battez et tournez toujours. Prenez-en avec la queue d'une cuillère gros comme une petite noix que vous faites tomber dans la friture par une secousse sur le bord de la poêle. Cette pâte se gonfle et l'intérieur reste vide.

Pain perdu.

Faites bouillir un demi-setier de lait et réduire à moitié avec un peu de sucre, une pincée de sel, une demi-cuillerée d'eau de fleur d'orange, une pincée de citron vert haché; ayez des mies de pain coupées de la grandeur d'un petit écu et beaucoup plus épaisses ; mettez-les dans le lait pour les faire tremper un petit moment; quand elles seront toutes imbibées, mettez‑les égoutter; trempez dans l'œuf battu, et faites frire; servez‑les saupoudrées de sucre.

Crêpes.

Prenez un litre de farine, délayez-la avec 6 œufs, une cuillerée d'eau-de-vie, une bonne pincée de sel, et de l'eau pour l'éclaircir et lui donner la consistance d'une bouillie. Allumez un feu clair de menu bois, faites fondre à la poêle gros comme une petite noix de saindoux, sinon du beurre ou de l'huile; versez-y plein une cuillère à dégraisser de pâte, étendez-la de façon que le fond de la poêle en soit couvert et très mince; faites cuire d'un côté, retournez lestement de l'autre, et mangez brûlant.

Gâteau de riz.

Prenez une demi livre de riz et le faites blanchir, faites cuire et mouillez peu à peu avec une chopine de crème, mettez le zeste d'un citron, un peu de sel, du sucre : quand il sera crevé et bien épais, retirez l'écorce de citron, laissez refroidir; ajoutez un morceau de beurre frais, eau de fleurs d'oranger, 6 à 8 œufs battus dont vous avez supprimé la moitié des blancs ; mêlez le tout. Enduisez un moule de beurre et de mie de pain, versez dedans votre appareil, faites cuire 3 quarts-d'heure au four ou sous le four de campagne.

Croquettes de riz.

Faites crever un quarteron de riz, et le préparez comme pour le gâteau ci-dessus ; mais, au lieu de le mettre dans un moule, vous en faites des boulettes que vous trempez dans de l'œuf battu et sucré ; panez-les, retrempez-les, repanez-les et faites frire.

Gâteau d'amandes.

Pesez 3 œufs avec leurs coquilles, prenez même poids de farine, même poids de beurre le plus frais possible, même poids de sucre râpé, avec lequel vous pilerez 3 onces d'amandes douces, pelées selon l'usage ; ajoutez un peu d'écorce de citron ou d'eau de fleurs d'oranger ; employez les 3 œufs, blanc et jaune, mêlez le tout dans un mortier pour en faire une pâte : graissez le fond d'une tourtière avec du beurre très frais, faites cuire à petit feu dessus et dessous. Ce gâteau se sert chaud ou froid avec du sucre râpé dessus.

8.

Crème au chocolat.

Pour 15 pots, mettez dans une casserole une demi-livre de chocolat, mouillez d'un peu de lait et faites cuire 10 minutes. Retirez du feu, ajoutez une pinte de lait bouillant ou de crème. Vous avez un peu battu 8 jaunes d'œufs auxquels vous ajoutez 2 blancs battus en neige; mêlez le tout et passez dans un linge. Versez dans des petits pots ou sur un plat, faites prendre au bain-marie, laissez refroidir, et servez.

Crème à la vanille.

Prenez une pinte de lait, un gros de vanille que vous coupez en petits morceaux, une demi-livre de sucre; faites bouillir pendant un quart-d'heure, retirez du feu et passez au tamis; mettez ensuite dedans 3 blancs d'œufs et 6 jaunes, après les avoir bien battus ensemble; dressez dans le plat que vous devez servir, mettez-le sur une casserole pleine d'eau bouillante, et l'y laissez jusqu'à ce que la crème soit prise; glacez avec du sucre et la pelle rouge, laissez refroidir et servez.

Crème au citron.

Elle se fait comme celle à la vanille, en employant du zeste de citron.

Crème à la fleur d'orange.

Faites bouillir une pinte de lait avec un quarteron et demi de sucre ; délayez ensemble 8 jaunes d'œufs et 4 blancs, avec 3 cuillerées d'eau de fleurs d'oranger ; retirez votre lait du feu et passez au tamis, mettez dedans vos œufs, et finissez comme les précédentes.

COMPOTES.

Compote de pommes. (Dessert.)

Prenez des belles pommes de reinette que vous coupez par la moitié ; après les avoir pelées et en avoir ôté les pepins, mettez-les à mesure dans de l'eau fraîche pour leur conserver leur fraîcheur ; faites-les cuire avec un grand verre d'eau, un jus de citron et un peu de zeste, un morceau de sucre ; quand vos pommes sont cuites, arrangez-les dans un compotier, et versez dessus le sirop qui s'est formé.

Compote de poires au vin. (Dessert.)

Prenez des poires à cuire, et mettez-les entières dans une casserole avec un verre d'eau, un petit morceau de cannelle, un morceau de sucre; faites cuire à petit feu; à moitié de la cuisson, mouillez-les d'un verre de vin rouge; quand elles sont tout-à-fait cuites, faites réduire le sirop qui s'est formé, et servez sur les poires.

Compote de prunes. (Dessert.)

Prenez une livre de prunes et faites-les cuire avec un peu d'eau et environ un quarteron de sucre, jusqu'à ce qu'elles fléchissent sous les doigts; écumez-les et dressez-les dans le compotier; faites réduire le sirop et servez sur les prunes.

Compote d'abricots. (Dessert.)

Faites bouillir un quarteron de sucre avec un verre d'eau dans une casserole, mettez-y vos abricots entiers en ôtant les noyaux, ou par moitié; faites-les bouillir, écumez-les, et les retirez pour les arranger dans un compotier; mettez votre sirop par-dessus après l'avoir fait réduire.

Compote de pêches. (Dessert.)

La compote de pêches entières ou par moitiés se fait de la même façon que celle d'abricots.

Compote de cerises. (Dessert.)

Coupez le bout des queues, et mettez-les dans une poêle avec de l'eau et du sucre, suivant la quantité de cerises; faites-les cuire, dressez-les dans un compotier, versez dessus votre sirop réduit, et servez-les froides.

FRUITS CONFITS.

Règles à observer pour la cuisson des confitures.

Il est indispensable d'employer un vase de cuivre; on doit préférer ceux qui ne sont pas étamés. On doit se servir d'un grand feu de bois ou de charbon, mais bien soutenu.

Il ne faut rien laisser reposer dans la bassine, à cause du vert-de-gris qui se formerait; c'est pour cela qu'il est important de verser les confitures dans les pots aussitôt qu'elles seront cuites.

On ne quitte pas ses confitures lorsqu'elles sont sur le feu; à mesure que l'écume monte on l'enlève avec une écumoire : il est essentiel de prendre soin qu'elles ne s'attachent et ne brûlent; on les remue à cet effet de temps en temps avec l'écumoire.

Gelée de groseilles.

Prenez 6 livres de groseilles rouges, 3 livres de blanches et 2 livres de framboises; ces fruits doivent être à un bon point de matûrité; mettez-les dans une terrine, écrasez-les avec vos mains, et retirez-en les rafles ou queues; mettez alors vos fruits dans un torchon pour les presser fortement et en exprimer tout le jus : mettez ce jus dans la bassine sur un grand feu, écumez; quand il aura bouilli pendant un quart-d'heure, vous y ajouterez le sucre dans la proportion de 3 quarterons par livre de jus; laissez encore bouillir une demi-heure en continuant d'écumer. Pour vous assurer que votre gelée est suffisamment cuite, vous en versez une cuillerée sur une assiette : si elle fige, c'est que la cuisson est à son point. Versez-la dans les pots, et les couvrez 2 jours après.

Confitures de cerises.

Prenez 12 livres de cerises suffisamment mûres; ôtez-en les queues et les noyaux; ayez 2 livres de groseilles préparées comme nous avons dit pour les confitures de groseilles ci-dessus, une livre de jus de framboises; mettez le tout dans la bassine sur un grand feu, faites bouillir et écumez; après une demi-heure d'ébullition, ajoutez 3 quarterons de sucre par livre de jus; laissez bouillir encore une demi-heure, retirez du feu, et versez à l'instant vos confitures dans les pots que vous aurez préparés.

Marmelade d'abricots et de prunes.

Prenez des abricots bien mûrs, ôtez-en les noyaux et les taches dures de la peau, coupez-les en 2 et mettez-les sur le feu, dans la bassine, avec demi-livre de sucre par livre de fruits; 3 quarts-d'heure doivent suffire pour la cuisson. Pour vous assurer qu'elle est à son point, vous mettez un peu de marmelade sur le bout de votre doigt; si en appuyant le pouce dessus, et le relevant, elle forme un petit filet, la cuisson est faite, retirez-la et mettez-la de suite dans les pots. Cassez la moitié des noyaux, jetez-en les amandes dans l'eau bouillante afin d'en retirer la peau, mettez ces amandes dans la confiture un peu avant de la retirer du feu.

Cerises à l'eau-de-vie.

Prenez de belles cerises peu mûres, coupez-leur la moitié de la queue, et mettez-les dans un bocal avec un petit nouet contenant un morceau de cannelle et une pincée de coriandre; ajoutez du sucre clarifié comme il est dit à l'article abricots ci-dessus, à raison d'un quarteron par livre de fruit, et achevez de remplir le bocal avec de l'eau-de-vie. Il faut 2 mois pour qu'elles soient faites. Retirez alors le nouet.

RATAFIAS.

Cassis.

Ayez 3 livres de cassis très mûr, égrenez-le et l'écrasez; mettez-le dans une cruche ou un bocal avec 4 pintes et demie d'eau-de-vie; ajoutez, si vous voulez, quelques clous de girofle et un peu de cannelle concassée. Au bout de 2 mois, tirez-en la liqueur, et pressez-les grains pour n'y rien laisser; remettez le jus dans le vase avec une livre 3 quarts de sucre; laissez reposer tout le temps nécessaire pour bien fondre le sucre, après quoi vous le filtrez à travers du papier, et le mettez en bouteilles.

Anisette.

Concassez 2 onces d'anis vert, une once de coriandre, un demi-gros de cannelle, un quart de gros de macis; mettez ces ingrédiens dans une cruche, avec 2 pintes d'eau-de-vie ; laissez infuser le tout pendant un mois, passez à la chausse.

Noyau.

Mettez dans une cruche six onces d'amandes d'abricots, coupées par petits morceaux, avec 3 pintes d'eau-de-vie, infuser 3 semaines ; remuez la cruche de temps en temps. Egouttez les noyaux ; faites fondre une livre 3 quarts de sucre dans une pinte d'eau, mêlez le tout, filtrez à la chausse, et mettez en bouteilles.

QUELQUES MOYENS ET RECETTES D'ÉCONOMIE DOMESTIQUE.

Moyen de conserver les œufs.

Le jour même où les œufs ont été pondus, ou du moins très peu de jours plus tard, on les fait cuire à l'eau bouillante comme pour les manger à la coque ; on les retire de l'eau, on les marque du quantième du mois, afin de pouvoir les manger suivant leur rang d'âge, puis on les serre dans un lieu sec et frais. On les garde ainsi plusieurs mois, sans qu'ils éprouvent la plus petite altération. Quand on veut employer ces œufs, on fait chauffer de l'eau ; il est même plus simple de les mettre à l'eau froide sur le feu ; et quand l'eau est bien chaude, les œufs sont en état d'être mangés.

Manière de faire fondre le beurre.

Sur 30 livres de beurre que vous mettez dans un chaudron bien propre, ajoutez 4 clous de girofle, 2 feuilles de laurier, 2 ognons ; faites cuire ce beurre à petit feu pendant 3 heures, sans l'écumer, jusqu'à ce qu'il soit clair-fin ; retirez-le du feu et laissez-le reposer une heure, écumez-le ensuite, et le versez doucement dans des pots de grès. Passez le fond du beurre au travers d'un tamis. Quand vos pots sont pleins, portez-les à la cave ; étant froids, couvrez-les de papier et d'une ardoise. Ce beurre se garde long-temps sans se gâter.

Manière de saler le beurre.

Il faut le laver plusieurs fois, pour en faire sortir le lait ; prenez-en 2 livres à la fois, étendez-le sur une table avec un rouleau, comme un morceau de pâte, de l'épaisseur d'un doigt ; répandez du sel dessus en raisonnable quantité ; pliez le beurre en 3 ou 4, et le repétrissez de cette façon jusqu'à ce que le beurre soit bien mêlé avec le sel; continuez cette façon, 2 livres par 2 livres, jusqu'à la fin; mettez-le à mesure dans des pots de grès bien propres, et pressez-le bien, pour qu'il ne reste point de vide. Quand les pots seront pleins, vous prendrez du sel, que vous ferez fondre avec un peu d'eau, et le mettrez sur la superficie des pots; portez-les à la cave pour les conserver, et les couvrez de la même façon que ceux de beurre fondu.

Manière de bien faire la friture

La meilleure friture se fait avec la graisse du pot-au-feu. On peut y suppléer par celle des rognons de bœuf hachée fin et fondue. Vous pouvez ajouter à la qualité de cette friture en la faisant cuire et clarifier. Mettez-la sur le feu dans une marmite; faites bouillir, écumez, tirez à clair. Cette opération la rend claire et limpide.

Ces graisses sont préférables au saindoux, qui a le défaut de ramollir la pâte, de s'enfler, d'écumer et de déborder dans le feu, ce qui est fort dangereux. L'huile a le même défaut sous ce dernier rapport, mais au moins elle ne ramollit pas. Le beurre fondu a presque les mêmes inconvéniens, et celui d'être fort cher dans les villes.

Quand vous voulez faire une friture, faites chauffer votre graisse dans la poêle, mouillez votre doigt et le secouez sur la friture : si elle pétille et rejette l'eau, elle est au degré de chaleur convenable. Si vous faites frire du poisson, avant de l'abandonner, tenez-le par la tête et trempez le bout de la queue dans la friture : si en une seconde de temps ce bout devient presque cassant, laissez aller votre poisson, que vous aurez soin de retourner à moitié de la cuisson.

Vous aurez eu soin, avant tout, de vider , écailler, nettoyer le poisson , et quand il est d'une taille au moins moyenne, de le ciseler, c'est-à-dire de faire des incisions en travers avec un couteau, et de le fariner en le passant dans la farine.

Quand il est cuit, vous le mettez égoutter de sa graisse sur un torchon, et le servez saupoudré de sel fin. On peut voir, à l'article des beignets, la manière de frire les entremets en pâte.

Panure pour côtelettes, etc.

Coupez une mie de pain rassis, rompez-la avec les mains, mettez-la dans un torchon neuf, frottez pour l'écraser, passez-la dans une fine passoire, et y ajoutez sel, poivre, persil haché fin. Faites fondre un morceau de beurre, trempez-y les côtelettes ou autres morceaux, mettez-les dans la mie de pain, et les y tournez pour qu'il y en ait partout; saupoudrez de sel et poivre, et faites grilller. On peut aussi se servir d'huile, à froid, au lieu de beurre.

Conservation de l'oseille.

On y joint de la poirée, du cerfeuil et du persil. On épluche tous ces légumes, on les hache menu, on les met dans le chaudron, en remuant presque continuellement, pour qu'ils ne s'attachent pas. Quand l'oseille commencera à s'épaissir, on salera et on goûtera. Lorsqu'elle paraîtra suffisamment cuite, ce qu'on reconnaîtra à ce qu'elle ne contiendra plus d'eau, on la mettra dans des pots de grès, et on la laissera refroidir avant de la couvrir de beurre. Si l'on s'aperçoit, quand l'oseille est refroidie, qu'il surnage de l'eau sur le pot, c'est un signe certain qu'elle n'est pas assez cuite ; il est nécessaire de la remettre sur le feu ; sans cela elle se gâterait. Un point essentiel dans la conservation de l'oseille, est de la bien couvrir avec le beurre, dont il doit y avoir un demi-doigt d'épaisseur.

Manière de confire les cornichons.

Prenez 10 livres de cornichons ; brossez-les pour les bien nettoyer, et coupez-leur le bout de la queue ; mettez-les dans un vase de terre avec 2 poignées de sel ; retournez-les assez pour qu'ils soient tous bien imprégnés de sel ; laissez – les ainsi reposer pendant 24 heures ; ils auront jeté une eau qui devient inutile et qu'il faut ôter. Quand les cornichons auront égoutté quelques instans, on les remettra dans le même vase et on y jettera du vinaigre blanc bouillant en quantité suffisante pour qu'ils y baignent. Couvrez le vase bien soigneusement, et laissez infuser 24 heures. Au bout de ce temps, ils auront pris une couleur jaune, retirez-en le vinaigre que vous mettez dans un chaudron sur un feu très vif ; lorsque vous le verrez bouillir, jetez-y les cornichons, et au moment où ils commenceront à bouillir, remuez-les également ;

ils reprendront leur couleur verte; 5 minutes d'ébullition suffisent pour cette opération ; vous les retirez alors du chaudron et les laissez refroidir.

Mettez-les dans les vases où ils doivent rester, et les couvrez d'assaisonnement comme passe-pierre, estragon, piment, petits ognons, ail; vous remplissez les vases de vinaigre de manière que les cornichons et l'assaisonnement baignent ; couvrez-les avec soin; au bout de 8 jours ils seront suffisamment confits et pourront se conserver une, 2 et même 3 années.

Manière de clarifier le miel pour remplacer le sucre.

Pour clarifier une livre de miel, il faut y mêler une chopine d'eau, on fait bouillir à petit feu, et on écume à mesure; s'il bout trop fort, on y jette une cuillerée d'eau pour apaiser l'ébullition, observant d'en mettre le moins possible ; lorsqu'il n'écumera plus, on y jettera un charbon bien ardent et une mie de pain très grillée. Ce charbon et la mie de pain doivent rester l'espace de cinq minutes, après quoi on les retire avec une écumoire, ayant bien soin de n'en laisser aucune parcelle.

On laisse bouillir jusqu'à ce que le miel tienne aux doigts.

On donne à ce sirop une plus grande perfection en le filtrant à travers un papier, au moment où l'on ôte le charbon ; on le remet ensuite sur le feu pour acquérir le dernier degré de cuisson.

Ce sirop peut remplacer le sucre dans beaucoup de choses. Il contient plus ou moins de matière sucrée, suivant la qualité du miel. Nous donnerons comme terme moyen de la quantité qu'il en faut pour remplacer une livre de sucre, celle d'une livre et demie de sirop.

Règles à observer pour les rôtis et viandes grillées.

Le premier soin doit être de proportionner l'ardeur du feu à la qualité des viandes.

Le *bœuf* et le *mouton* demandent à être saisis par un feu vif. On ne doit cependant pas trop hâter la cuisson ; on diminue ensuite le feu par gradation. Comme il est essentiel que ces deux sortes de viandes conservent tous leurs sucs, il ne faut pas non plus les laisser languir à la broche. Il est essentiel de les arroser souvent, et pour cela il ne faut pas craindre de trop prodiguer la graisse. Quand au temps qu'il convient de les laisser à la broche, cela dépend du goût; l'un veut la viande très cuite, l'autre l'aime saignante; c'est donc à vous à vous former des règles d'après les succès que vous aurez obtenus.

Le *veau* exige moins de feu; il faut l'arroser et l'oindre de beurre plutôt que de graisse. Ne le servez jamais saignant, rien ne serait plus malsain ni plus désagréable au goût, surtout si vous avez employé la partie du rognon. Pour vous assurer qu'il est suffisamment cuit, piquez-le avec une aiguille à tricoter dans la partie la plus charnue; enforcez-là jusqu'à l'os, et observez si le jus qui sort par la piqûre est limpide ou encore sanguinolent. Dans le second cas, vous laissez votre pièce pendant quelque temps encore à la broche; mais ne répétez pas souvent ni inutilement l'expérience; car, si fine que soit votre aiguille, vous serez à portée d'observer, avec surprise, combien sera considérable la déperdition de sucs produite par chaque piqûre. Quand le veau commence à fumer, il est cuit.

Rien de plus insipide qu'une *volaille* desséchée au feu, et qui a perdu tous ses sucs; néanmoins, si on l'exposait à un feu ardent, comme le bœuf et le mouton, la peau se crisperait, se brûlerait même, et vous la priveriez par-là d'un de ses plus grands agrémens. Pour éviter cet inconvénient, ayez donc la précaution d'envelopper d'un papier frotté de beurre ou d'huile toute votre volaille blanche. Vous retirez ce papier en les salant, et les exposez pendant quelques instans à un feu très vif. Il n'en faut pas davantage pour donner à leur peau de la couleur et pour la rendre croquante, et même pour colorer les bardes et les lardons. Ainsi, cette seule précaution, très simple, vous met en état de flatter toujours l'œil et le goût.

Moyen d'ôter le mauvais goût aux viandes passées.

Mettez-les dans l'eau bouillante, et lorsqu'elles seront prêtes à écumer, prenez 1 ou 2 gros charbons bien solides, allumez-les; et, lorsqu'ils seront embrasés de toutes parts, jetez-les dans l'eau bouillante où est la viande. Dès que le charbon est éteint, retirez-le, puis ôtez la viande pour vous en servir.

En jetant un charbon ardent dans du bouillon qui commence à passer ou à s'aigrir, dans l'instant où il est de nouveau en ébullition, on obtient le même effet.

Moyen d'attendrir les viandes.

Avant de mettre à la broche ou au pot chaque espèce de viandes, telles que bœuf, mouton et veau, il faut les battre vigoureusement avec un rouleau de bois, au moins pendant une minute. C'est là le grand secret pour rendre les viandes tendres et délicates; mais, dans la plupart des ménages, l'on ignore ce procédé si simple.

Feu de cheminée.

Aussitôt que l'incendie se manifeste, jetez sur le brasier qui couvre l'âtre de la cheminée quelques poignées éparses de soufre écrasé, et bouchez l'ouverture de la cheminée avec une couverture bien mouillée. Si on présume que le brasier de l'âtre est trop ardent, quelques poignées de soufre jetées de nouveau ralentiront son activité.

Un coup de fusil tiré dans le canal de la cheminée est aussi, dit-on, capable d'éteindre le feu.

Si le feu prend dans la poêle à frire, ou qu'une combustion quelconque ait lieu dans la cheminée par l'effet d'un corps gras, le meilleur moyen est de retirer du feu le vase qui le contient, avec la précaution de ne pas le placer près d'un objet susceptible de s'enflammer. On verra aussitôt la flamme baisser de moitié et s'arrêter tout-à-fait par le refroidissement. Dans tous les cas, il faut tâcher de le couvrir de quelque grand couvercle. Jeter de l'eau sur ce feu est un moyen de le rendre beaucoup plus violent.

TABLE.

FIN DE LA TABLE.